军事文化阅读指导丛书

军队基层文化活动组织方法与技能训练

郑中伟　著

金盾出版社

JINDUN PUBLISHING HOUSE

内 容 提 要

　　本书是为提高官兵素养、丰富部队文化生活而编撰的普及性读本，阐释了基层文化活动的含义及内容，军队开展基层文化活动的特征、原则和意义。系统地介绍了军队基层文化活动的方方面面，内容涉及文学、美学、音乐、舞蹈、美术、书法、曲艺、电影、电视、网络、摄影、体育、读书、演讲、辩论、游艺、游戏、棋牌活动等方面的知识和技能，活动的组织方法与技巧。研究探讨了组织开展军队基层多种文化活动的经验和规律性方法，是集文学艺术活动、宣传教育活动、文化科学知识普及活动、文化体育游乐活动、文化服务活动于一体的综合性、多学科体系，具有较强的操作性和指导性。本书的出版，对于满足官兵的精神需求，促进官兵全面发展，增强部队凝聚力、战斗力，具有非常重要的现实意义。

图书在版编目（CIP）数据

　　军队基层文化活动组织方法与技能训练 / 郑中伟著
— 北京：金盾出版社，2023.12（2024.10 重印）

　　ISBN 978-7-5186-1722-7

　　Ⅰ. ①军 … Ⅱ. ①郑 … Ⅲ. ①军队 – 基层组织 – 文化
活动 – 中国Ⅳ. ① E223

　　中国国家版本馆 CIP 数据核字（2024）第 030682 号

军 队 基 层 文 化 活 动 组 织 方 法 与 技 能 训 练
JUNDUI JICENG WENHUA HUODONG ZUZHI FANGFA YU JINENG XUNLIAN

郑中伟　著

出版发行：金盾出版社	开　本：710mm×1000mm　1/16
地　　址：北京市丰台区晓月中路 29 号	印　张：11.75
邮政编码：100165	字　数：181 千字
电　　话：（010）68214039	版　次：2024 年 1 月第 1 版
（010）68276683	印　次：2024 年 10 月第 2 次印刷
印刷装订：北京凌奇印刷有限责任公司	印　数：1 101 ～ 3 600 册
经　　销：新华书店	定　价：68.00 元

第一章

军队基层文化活动概述

组织开展丰富多彩的文化活动，是基层文化工作的主要内容。《军队基层建设纲要》中"队列集会有歌声、周末假日有活动、重大节庆有晚会、年度文体有比赛"的"四句话"要求，是对基层经常性活动开展的规范性要求。基层文化活动涉及到文艺、体育、网络等官兵休闲娱乐、励志成才的方方面面。随着科技、文化的发展，官兵精神需要的不断提升，新的文化活动形式又会不断地被创造出来。文化活动的这种丰富性，要求我们要不断学习具体文化活动的知识、技能，又要求我们掌握组织开展多种文化活动的规律性方法，这是我们组织和开展好文化活动的基础和保证。

第一节　军队基层文化活动的含义及内容

一、基层文化活动的含义

把握军队基层文化活动的含义，首先要理解"文化"的含义。在汉语中，文化是个古老的固有词汇。甲骨文中也有"化"字，像一正一倒之人形，比喻变化。汉代许慎《说文解字》释曰："化，教行也。""文"与"化"并联使用，较早见于《易·贲卦》的《象辞》："分刚上而文柔，故小利有攸往，天文也。文

明以止，人文也。观乎天文，以察时变。观乎人文，以化成天下。"以"文"为"化"，意为文治和教化。汉代刘向《说苑·指武》："凡武之兴，为不服也。文化不改。然后加诛。"《文选》载晋人束暂《补亡诗·由仪》："文化内辑，武功外悠。"可见，"以文教化"是中国传统"文化"之本义，与"武功"相对。这一层本原之义，使现代汉语"文化"一词更富人文色彩。

文化一词的具体含义众说纷纭。哲学家西塞罗将文化一词的含义由物质领域扩展到精神领域，认为文化具有改造人内心世界、使人具有理想公民素质的意思。给文化一词下出明确定义的，是英国的文化人类学家泰勒（E.B.Tylor，1832～1917）。泰勒于1871年在《原始文化》一书中指出："据民族志的观点来看，文化或文明是一个复杂的整体，它包括知识、信仰、艺术、伦理道德、法律、风俗和作为一个社会成员的人通过学习而获得的任何其他能力和习惯。人类各种社会之间文化的条件是研究人类思维和行为规律的课题。"我国的《辞海》中把文化分为狭义和广义两种：狭义的文化是指"精神生产能力和精神产品，包括一切社会意识形式：自然科学、技术科学、社会意识形态"；广义的文化是"人类在社会实践过程中所获得的物质、精神的生产能力和创造的物质、精神财富的总和"。本书所说的军队基层文化活动，主要是从狭义的角度使用文化的概念。军队基层文化活动，是指根据中国共产党的文化方针政策和军队文化工作的目标任务，紧密结合基层实际而开展的群众性文化实践活动。

总之，军队基层文化活动，是以各种群体性文化活动为主要内容，通过不断满足和提升广大官兵的精神文化需求，适应和促进军队基层建设全面发展的组织领导实践活动，是部队思想政治工作的重要途径，是艺术化了的思想政治工作，是培养"四有"革命军人，提高部队战斗力的实践活动。

二、基层文化活动的主要内容

军队基层文化活动的内容十分广泛，涉及文学、美学、音乐、舞蹈、美术、书法、曲艺、电影、电视、网络、摄影、体育、读书、演讲、辩论、游艺、游戏、棋牌活动等方面的知识和技能，是集文学艺术活动、宣传教育活动、文化科学知识普及活动、文化体育游乐活动、文化服务活动于一体的综合性、多学科体系。根据相关规定，基层文化活动主要包括以下六项内容。

①开展读书演讲。组织主题读书日、强军故事会等活动，引导官兵多读书、读好书；用好强军网数字图书资源，推广电子阅读，丰富阅读内容形式。

②开展文艺创演。坚持兵写兵、兵演兵、兵唱兵，创作文学、音乐、舞蹈、曲艺、小品、摄影、美术、书法等军味战味浓郁、官兵喜闻乐见的文艺作品。军队文艺工作者应当每年深入基层辅导创作，全军每4年举办1次野战文艺创演活动。

③开展体育健身。组织形式多样的群众性体育竞赛活动，巩固篮球、乒乓球、田径、游泳、棋牌等传统项目，推广足球运动，结合实际开展攀岩、冰雪、武术、龙舟、航模、电子竞技、健身健美等活动。师（旅、团）级单位可以结合军事体育运动会举办群众性体育竞赛。

④开展歌咏演唱。配合主题教育、重大任务和重要节庆等，遴选健康向上的歌曲，开展军营好声音、战歌大家唱等群众性歌咏活动，重点组织学唱红色革命歌曲和战斗精神歌曲，唱响唱准、唱出士气。

⑤开展影视欣赏。组织优秀影视剧展映展播，重点观看红色经典、英雄英模影视剧和军事纪录片教育片教学片，配合开展群众性影视评论活动；建立数字电影放映体系，解放军文化艺术中心推介下发优秀影片，强军网开设军旅影视专栏，基层单位应当保证官兵每周至少观看1场电影。

⑥开展仪式文化活动。在队列条令规定的仪式基础上，结合军兵种、武誉部队特点和部队实际，利用单位组建成立、取得重大成绩、获得荣誉称号纪念日等时机，开展形式多样的仪式文化活动，充分发挥精神引领、形象塑造、价值导向等重要作用。

第二节　军队基层开展文化活动的意义

基层各类文化活动是开展军队基层文化工作最直接、最生动的外在体现形式，同时对于满足官兵的精神需求，促进官兵全面发展，增强部队凝聚力、战斗力，保证各项任务圆满完成，具有非常重要的现实意义。

一、开展健康向上的文化活动，是促进官兵全面发展的需要

基层的主体是青年官兵，他们大都处在长身体、学知识，逐步确立理想、信念和世界观的阶段。他们精力充沛，兴趣广泛，求知欲强，喜好活动，对文化生活有着极强的需求。但由于他们社会阅历不深，可塑性较大，分辨是非、美丑的能力还比较弱，对一些不健康思想的侵蚀还缺乏免疫力。文化活动，寓教于乐，可以影响官兵的思想、道德、情操、生活方式、审美观念以至整个精神面貌，使青年官兵在潜移默化中接受社会主义精神文明的熏陶。广泛开展各种健康新颖、富有意义的文化活动，有助于广大官兵在文化娱乐的活动中提高审美情趣，增进身心健康，促进全面发展。

二、开展丰富多彩的文化活动，是推进连队全面建设的需要

经常组织文化活动，丰富连队文化生活，是全面贯彻落实《军队基层建设纲要》精神，保证连队建设创先争优、协调发展的重要方面，不是可有可无、可紧可松，而是不可或缺、不能含糊，需要认真落实，紧抓不放，以增强军营的吸引力、凝聚力，稳定官兵思想，调动积极因素，使连队成为一个充满生机活力的战斗集体。

三、开展愉悦身心的文化活动，是密切官兵关系的需要

基层政治工作实践证明，基层的文娱体育活动，决不是单纯的说说笑笑、跑跑跳跳、热热闹闹，而是官兵同乐的载体，是官兵平等的体现，是密切官兵关系的纽带和黏合剂。许多官兵的思想疙瘩，许多同志之间的误解和矛盾，

是在文化活动中暴露和被发现的，又是通过文化活动消融或被解开的。同时，许多干部的形象和威信，也是在组织和参与文化活动中赢得和提高的。不少基层干部曾深有体会地说："文化活动不是小事，吹拉弹唱都是带兵人的素质。"

如上所述，文化活动十分有益且非常重要，基层指挥员一定要予以重视，加强领导和指导。不能只依靠团支部和军人委员会去管，也不能只交给其他干部骨干去抓，要经常过问、直接组织、亲自参与，争当文化活动的热心人和行家里手。

第三节　军队基层文化活动的特征和原则

一、军队基层文化活动的特征

军队基层文化活动的主要特征，概括起来有如下几个方面：

（一）业余性

基层文化活动的业余性是指在群众业余自愿基础上的非职业性的文化活动。是官兵在高质量完成军事训练保障等本职工作之后从事的业余活动。它开展的活动是为尽可能方便官兵生活需要，适应大多数人为出发点，本着官兵文化官兵办，基层文化基层用，因地、因时、因物、因人制宜的精神而开展活动的。其目的是让基层官兵能在工余饭后、周末节（假）日的空余时间，有可能参加一些喜闻乐见的文化娱乐活动，以满足自身的精神文化生活的需求。

（二）群众性

军队基层文化活动是群众性的自娱、自教活动。中华民族文化悠久而丰富；文明而广博的民族文化为新中国的群众文化事业的蓬勃发展奠定了坚实的基础。在文化活动的内容和形式上，必须跟群众的爱好、兴趣、才能、水平相结合，

既要有一些适合较高文化素养和较高审美追求的高雅活动，也要有一些适合一般文化素质和一般审美追求的普及性活动，以保证和促进广大基层官兵身心的健康发展。

（三）战斗性

无论是战争岁月还是和平时期，强烈的战斗性始终是军队基层文化活动的主旋律。聚焦能打仗、打胜仗，着力打造战斗文化，加强战斗精神培育，大力发扬我军大无畏的英雄气概和英勇顽强的战斗作风，保持旺盛革命热情和高昂战斗意志是当前基层文化活动的主题。文化活动在统一官兵思想、凝聚军心士气、协调内部关系方面具有重要作用，可以培养官兵情同手足、亲如兄弟的革命情谊，增强官兵对部队的认同感、归属感和集体荣誉感，有效提升战斗力。因为基层文化活动在内容上，突出表现了沸腾的军旅生活，塑造了军人的英雄形象，反映了先进正确的思想意识，弘扬了高昂向上的进取精神，激发战斗士气。基层文化活动作用于官兵的思想，在健康有益的文化活动之中增长智力、体力、意志力和凝聚力，全面提高官兵的素质，从而转化为战斗力。我军几十年的斗争经验已证明，在严酷的战争考验面前，有时看上一部好的电影电视和话剧，往往可以使人倍增勇气；在艰苦险恶的战斗环境中，讲一些英雄人物的故事，读一本描写英雄的书，可以使人们振奋起"一不怕苦、二不怕死"的革命精神。有时，唱一首歌，可以使人精神饱满；喊一句口号，可以激励人们勇猛冲杀。文化活动的战斗性，使它成为战场上最普及、最实际、最生动、最有效的不可替代的思想政治工作方式。

（四）时代性

由于军队基层文化工作本身就是一项社会性的工作，所以在活动的内容、方式和范围等方面具有时代的特性。它不仅与上层建筑特别是意识形态领域的各个部分有着内在与外在的联系，而且受到国内外政治的、经济的、文化动态等诸多方面的间接影响，同时还与社会的教育、科学、艺术、卫生、体育、文学、广播、电影、电视等直接性文化事业配合密切，与大众的文化需求和精神欲望相呼应。从军队基层文化的窗口可以反映出整个军队，乃至整个社会一定时期的精神状态和社会风尚，进而估计出部队官兵或社会民众的文明素质和进步程度。

二、军队基层开展文化活动要坚持的原则

军队基层开展文化活动在满足集中体现基层文化工作的总体原则和要求的基础上，应针对活动本身提出具体的原则和要求。军委领导曾对思想文化战线的官兵提出明确要求："以科学的理论武装人，以正确的舆论引导人，以高尚的精神塑造人，以优秀的作品鼓舞人。"这是基层开展文化生活的基本遵循和努力方向，更是基层开展文化活动的原则和要求。

（一）要坚持思想性与娱乐性的统一

基层的各项文化活动要努力满足官兵愉悦身心的需要，但又不能只停留在"玩一玩""乐一乐"的层次上。必须坚持寓教于乐，把思想性与娱乐性有机地统一起来，使官兵在丰富多彩的文化活动中，既得到美的享受，又受到知识的启迪。如果只讲娱乐性不讲思想性，文化活动就会走到邪路上去；只讲思想性不讲娱乐性，文化活动就会脱离群众，思想性也就失去了依托。因此，连队文化活动既要防止迎合某些人庸俗的、低级趣味的偏向，又要注意克服那种把文化娱乐活动当成政治教育的偏向。

（二）要坚持继承传统与开拓创新的统一

随着军队现代化建设的发展，基层文化建设出现了向现代化、群众化发展的趋势。如基层文化园地的功能趋向综合性、多功能，文化器材趋向高档化、电子化，文化活动的范围趋向自娱性、社会化。因此，基层文化活动既要适应时代发展的要求，使连队文化娱乐的形式向新颖、高雅和现代化发展，增强对官兵的吸引力；又要坚持那些传统的好形式，把继承与创新结合起来、统一起来。如果只讲坚持和继承传统，不去积极创造条件，促进文化活动形式的现代化，以适应当前官兵求新求美的需要，文化活动就会缺乏吸引力；而

如果不从部队官兵的实际需要出发，一味地追求所谓的"高雅""档次"，文化活动就会脱离实际，也不能广泛持久地坚持下去。

（三）要坚持借鉴社会经验与保持军营特色的统一

我们要善于学习、借鉴地方文化活动的有益经验，运用现代科技特别是信息技术，创新发展军营文化活动的形式和内容。但由于我军的性质和根本职能，不能全盘照搬地方的一些做法，必须保持军营文化活动的相对独立性和浓厚的"兵味"。对那些适合部队特点、有利于部队建设的，要积极借鉴，大胆吸收；对那些不利于官兵身心健康，与社会主义精神文明建设格格不入的，要坚决地禁止。真正使基层的各项文化娱乐活动既符合时代的要求，又具有鲜明的军营特色。

三、基层部队开展文化活动的要求

（一）围绕中心 突出重点

基层文化活动要紧密配合军队的中心任务开展。突出重点，就是文化工作要以最准确的形式，把握最佳的内容切入点。如在我军初创时期，广大人民群众对红军不了解，甚至有误解，红军自身的教育训练也亟待提高。为有效配合宣传红军、发动群众的中心任务，红军根据当时战士和老百姓大多不识字的特点，以唱歌、演文明戏、画漫画等生动形式，对红军的性质、宗旨进行了卓有成效的宣传，今天我们依然高唱着的歌曲《三大纪律八项注意》，就是当年红军用唱歌的形式对官兵进行纪律教育的生动典范。在我军的发展历程中，无论是长征途中用吹拉弹唱的形式为红军官兵鼓励加油的文化宣传鼓动棚，还是解放战争时期使无数国民党逃兵迅速转变为革命战士的著名歌剧《白毛女》，都以其独特的切入点，在紧密配合部队的中心任务中，发挥了重要作用。当前我军全面践行"听党指挥、能打胜仗、作风优良"的强军目标，各种文化活动也要围绕此中心任务展开。比如，在全军基层部队开展《强军战歌》歌咏活动。通过歌咏活动，来培塑官兵战斗精神，积极营造当兵打仗、带兵打仗、练兵打仗的浓厚氛围。

（二）内容生动　寓教于乐

通过丰富多彩、生动活泼的文化活动，在满足官兵精神文化需求的同时，潜移默化对官兵进行思想政治教育，是基层文化活动的原则。早在井冈山斗争时期，红军就把歌咏活动作为政治工作的一项重要内容，每天操练上课、早晚点名都要高唱革命歌曲，并形成制度，并把当时部队广泛开展的演文明戏（类似今天的小品）看作是"说革命道理的戏"。1929年，中国共产党红军第四军第九次代表大会还通过决议，把足球、武术等体育活动项目，列为"士兵政治训练的重要内容"。从中可以看到，我军在建军之始就从来没有把文化活动看作是简单的消遣娱乐，而是深刻地把握了它作为意识形态生动载体的独特功能。时至今日，寓教于乐、形式生动的文化活动，已经在《军队基层建设纲要》中有明确规定，即"队列集会有歌声、周末假日有活动、重大节日有晚会、体育每月有比赛"的"四句话要求"，使军队基层文化活动以规范化、制度化的活动要求，集思想性、娱乐性、知识性、趣味性于一体的活动特点，以及"兵写兵，兵唱兵，兵演兵"等不断发展的生动形式，科学有效地影响着官兵发展成长的全过程，在新时期部队的思想政治建设中发挥着重要的作用。

（三）干部带头　官兵同乐

干部带头官兵同乐，是我军官兵一致的政治工作原则在基层文化工作中的具体表现。早在我军初创时期，干部带头官兵同乐便成了推动和体现我军新型官兵关系的重要方面。比如毛主席曾亲自教战士唱《工农革命歌》，在中央根据地，他还亲自组织各种体育锻炼，与战士们一起游泳，搞爬山比赛；早在红军时期，周恩来就经常主持联欢会，指挥基层官兵唱歌；而朱德的舞蹈，叶剑英的独唱，聂荣臻、罗瑞卿的戏剧表演，等等，都是官兵同乐的生动写照。正是这种体现在同娱同乐中的无拘无束、同甘共苦、平等亲切的新型官兵关系，为夺取革命胜利提供了有力的保证。新时期官兵同乐的文化活动，更是密切

新时期官兵关系的有效纽带，是军官巧妙贴进士兵心灵世界的桥梁，更是有效促进干部自觉提升自身素质的强大推动力量。坚持组织官兵广泛参与。发挥官兵在基层文化建设中的主体作用，贴近实际、贴近生活、贴近官兵，做到人人参与、官兵同乐、共同受益，真正使广大官兵成为军营文化的重要创造者、积极传播者和模范践行者。

（四）因地制宜　勤俭节约

因地制宜、勤俭节约是我军艰苦奋斗光荣传统在文化工作领域的生动体现。在条件异常艰苦的战争年代，革命前辈曾以火把代灯光，以床单代幕布，搭起门板当舞台，用炮弹壳、罐头盒做乐器，在开展了丰富多彩的文化活动同时，也给我们留下了因地制宜、勤俭节约办活动的优良传统。今天，军队的基层文化建设在环境、实施、器材、经费等方面都获得了长足的发展，但我们仍要坚持因地制宜、勤俭节约的原则。文化活动要形式多样、内容朴实、格调高雅。一般比较短小精悍、生动活泼、简便易行的方式，有利于在战斗和小规模的环境中进行。基层连队的武器零部件拆装比赛、战地伪装小发明、战地趣味游戏等等，都使文化活动在满足官兵精神文化需求的同时，体现了特色，也有效地配合了野战训练的中心任务。

第二章

基层歌咏活动技能与组织方法

"一首好歌一堂课"，基层歌咏活动是基层部队开展的最普及、最经常的文化活动形式，它内容丰富，种类多样，涉及的知识也较为广泛。唱歌，尤其是唱军歌，是部队士气和精神风貌的集中体现，教唱好军歌，是我军鼓舞士气和活跃气氛、丰富生活的"传家宝"。本章着重介绍基层歌咏活动中较为实用的基本技能（例如识简谱技能、歌唱技能、指挥歌曲技能等）和组织活动的方法。

第一节　歌咏演唱技能

一、识简谱技能

简谱是最常用的记谱方式，识简谱主要应把握以下几部分内容：音的高低、音的长短、音的强弱和常用记号。

（一）音的高低

1.基本音、唱名

简谱是用七个阿拉伯数字 1、2、3、4、5、6、7 来标记的，它代表了七个不同的音高，这七个音就叫作基本音，它们分别被唱（读）作 do（多）、re（来）、

mi（咪）、fa（发）、sol（嗦）、la（拉）、si（西），我们称之为唱名。

2. 高音、低音、中音

在简谱中，为了表示比七个基本音更高或更低的音，采用在基本音的上面、下面加点的记法。在基本音上面加点的叫高音，在基本音下面加点的叫低音，基本音叫中音。见下表2-1-1。

表2-1-1　音名表

名称	低音	中音	高音
写法	$\dot{1}234567$	1234567	$\dot{1}\dot{2}\dot{3}\dot{4}\dot{5}\dot{6}\dot{7}$
唱名	do re mi fa sol la si	do re mi fa sol la si	do re mi fa sol la si

3. 音阶、全音、半音

把不同音高的音，按照高低顺序排列起来，由于它们依次上行或下行，很像台阶，人们便起了一个形象的名字：音阶。其中1-2、2-3、4-5、5-6、6-7两音之间的距离是整级台阶，音乐上叫作"全音"，而3-4、7-$\dot{i}$两音之间好像半级台阶，它们的距离只有全音的一半，音乐上叫作"半音"。

每一个全音都包含两个半音。半音是音与音之间最短的距离（见下图2-1-1）。

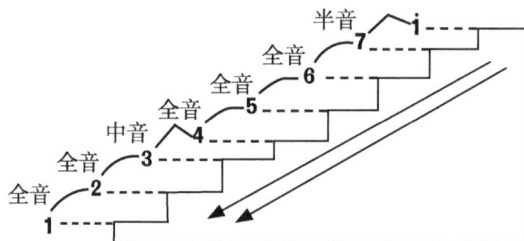

图2-1-1　音阶图

（二）音的长短

高低不同的音，用不同的长短表现出来，便形成了最初意义上的旋律。掌握了音的长短，就可以初步体验到识谱的乐趣。

音的长短是用横线、附点、连线、休止符等来表示的。

1.横线表示音的长短

（1）增时线

写在音符右边的横线叫增时线，如："**5 –**""**5 – – –**"。增时线越多，表示这个音越长。在简谱中，一个单纯的音符（除表示高低的符号，不附加其他的符号）叫作四分音符。每增加一根增时线，就表示延长了一个四分音符的时间。很多乐曲都以四分音符为一拍，那么，每增加一根增时线就表示该音符演唱了一拍。

（2）减时线

写在音符下面的横线叫减时线，如："**5**""**5**"。每增加一根减时线，就表示该音符的时值缩短了一半。减时线用于表示比四分音符短的音符。一个四分音符加上一根减时线，就变成了八分音符，也就是半拍。有两根减时线，就变成了十六分音符，1/4 拍。现将常用的音符及时值、名称归纳如表 2-1-2。

表 2-1-2　音符表

记谱法	名称	拍数
5 – – –	全音符	四　拍
5 –	二分音符（全音符的 1/2）	二　拍
5	四分音符（全音符的 1/4）	一　拍
5	八分音符（全音符的 1/8）	半　拍
5	十六分音符（全音符的 1/16）	四分之一拍

从上表可以看出：第一，音的名称是根据它与全音符的长度比例来决定的。如四分音符是全音符长度的 1/4，十六分音符是全音符长度的 1/16，等等。

第二，增时线的延长与减时线的缩短均是以四分音符为基点的。在实际的记谱中，一般都是以一拍的长度为单位来进行音符组合的。如以四分音符为一拍，短于一拍的音符就可能形成多种组合。如两个八分音符、一个八分音符与两个十六分音符或四个十六分音符等等。这时为了明确和方便起见，就要把它们的减时线连写在一起。见下例：

<u>5 5</u>记成：<u>5 5</u>

<u>5 5 5 5</u>记成：**5555**

2.用附点表示音的长短

用附点表示音的长短,是使音的时值（长度）形式更为丰富的另一种方式。附点就是音符右边的小圆点，它的作用是延长左边音符长度的一半。带有附点的音符叫作"附点音符"见下表2-1-3

表 2-1-3　附点音符表

记谱法	名称	拍数
5·	四分附点音符	一拍半
<u>5</u>·	八分附点音符	3/4 拍
<u>5</u>·	十六分附点音符	3/8 拍

3.用连线表示音的长短

两个或两个以上的相同的音用连线"⌒"连起来，表示将这些音的时值相加，唱成一个音。

如："⌒"连音记号，也叫连线。

作用：①表示音的长短；②表示一字唱多音。

见下图 2-1-2，连线图：

图 2-1-2

第一个例子的"**5**"要唱四拍,第二个例子的"**5**"要唱五拍,第三个例子的"**5**"要唱七拍。

4.用休止符表示音的长短

乐谱中用来表示停顿的符号叫"休止符"。在简谱中用符号"**0**"来表示。

休止符既可用来呼吸，又是塑造音乐形象的有效手段。

比如歌曲《思念》中的一句：

$$\dot{1}\ 6\ 0\ \underline{0\ 6}\ |\ \underline{6\widehat{5}4}\ 0\ 0\ |\ \underline{6\widehat{5}5}\ 0\ 0\ |\ \underline{5\widehat{4}3}\ 0\ 0\ |$$

难　道　　　你　又　要　　　匆　匆　　　　离　去，

这里休止符的运用，突出了音乐的口语化，起到了音断而意不断的效果，使感情的表达更加充分、深切。

休止符的名称、时值与相关的音符相同，长于一拍的休止符用增加相应休止符的方式表示，短于一拍的休止符用减时线表示。附点休止符既可以用附点的形式来表示，也可以用等长的休止符来表示。如下表 2-1-4：

表 2-1-4 休止符表

记谱法	名　称	休止拍数
0 0 0 0	全休止符	休止四拍
0 0	二分休止符	休止二拍
0	四分休止符	休止一拍
<u>0</u>	八分休止符	休止半拍
<u>0</u>	十六分休止符	休止 1/4 拍

（三）音的强弱

音的强弱是表达感情的重要手段，也是推动音乐发展的重要动力。在音乐中，音的强弱虽然变化多端，却也是有规律可循的。音的强弱规律是通过这样一些记号表现出来的。

1. 小节、小节线、终止线

乐谱上每隔一段距离，就有一条竖线，这就是小节线。相邻的小节线之间就形成了小节。在乐曲结束的地方，画上一细一粗两条竖线，叫终止线（见图 2-1-3）。

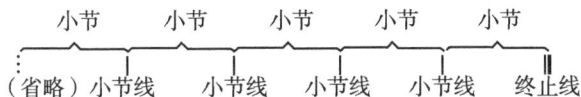

图 2-1-3　终止线图

小节线的作用：①划分小节内的拍数；②明确节拍音的强弱规律（除特殊标明，小节线后面的第一拍总是强拍，小节线前面的最后一拍总是弱拍）。

2.拍号、拍子、强弱规律

在乐谱的左上方总是标有 2/4、3/4、4/4 等节拍记号，称为"拍号"，它的意思是"每小节几拍/几分音符为一拍"。拍子是指节拍的长度，是以四分音符为一拍，还是以八分音符为一拍。每小节有两拍的叫二拍子，有三拍的叫三拍子，其他以此类惟。见下表2-1-5。

表2-1-5　节拍表

拍子种类	拍号	含义	读法	强弱规律●为强，○为弱，◑为次强
二拍子	$\frac{2}{4}$	每小节二拍	四二拍	● ○ X X
		四分音符作一拍		
	$\frac{2}{2}$	每小节二拍	二二拍	● ○ X － X －
		二分音符作一拍		
三拍子	$\frac{3}{4}$	每小节三拍	四三拍	● ○ ○ X X X
		四分音符作一拍		
	$\frac{3}{8}$	每小节三拍	八三拍	● ○ ○ X X X
		八分音符作一拍		
四拍子	$\frac{4}{4}$	每小节四拍	四四拍	● ○ ◑ ○ X X X X
		四分音符作一拍		
二拍子	$\frac{6}{8}$	每小节六拍	八六拍	● ○ ○ ◑ ○ ○ X X X X X X
		八分音符作一拍		

请看几个例子：

2/4 拍例《小白杨》：

一　　棵呀　小白杨，　　长　在哨所旁，

它的强弱规律是强弱、强弱、强弱……

3/4 拍例《我爱这蓝色的海洋》：

$$\begin{matrix}\bullet & \circ & \circ & \bullet & \circ & \circ & \bullet & \circ & \circ & \bullet & \circ & \circ \\ 5 & 3 & 3 & | & 5 & 3 & 2 & | & \overset{\frown}{1\cdot\ \ 2\ \ 3\ \ 1} & | & 5 & -\ \ - & |\end{matrix}$$

我　爱　这　蓝　色　的　海　　洋，

它的强弱规律是：强弱弱、强弱弱……

4/4拍例《三大纪律八项注意》：

$$\begin{matrix}\bullet & \circ & \circ\!\!\!\bullet & \circ & \bullet & \circ & \circ\!\!\!\bullet & \circ \\ 2\cdot & \underline{3} & 5 & 5 & | & 3\cdot\underline{5} & 3 & 1\ \ 2 & - & |\end{matrix}$$

革　　命军　人　　个　个要牢　记，

它的强弱规律是：强、弱、次强、弱……

3. 变化节奏

音的长短，无论是减时线也好，还是附点音也好，都是音的长短以二等分的规律加以变化。而无论是2/4拍、3/4拍，还是4/4拍，每小节的第一拍总是强拍，最后一拍总是弱拍。但是在音乐中，由于表现内容和感情的需要，还出现了一些打破常规的变化节奏，它使音乐的表现力更加丰富。下面介绍两种常见的变化节奏。

（1）三连音（写法：⌒3⌒）

如表2-1-6：

表2-1-6　三连音表

拍号	记谱法	等于
2/2	⌒3⌒　　⌒3⌒ 5 5 5　 5 5 5	5 - - - 5 - - -
2/4	⌒3⌒⌒3⌒ 5 5 5 5 5 5	5 5
3/8	⌒3⌒⌒3⌒⌒3⌒ 5 5 5 5 5 5 5 5 5	5 5 5

三连音就是三个音平均奏出原先两个同样性质音符的时值。这里是八分音符的三连音，总的长度等于两个八分音符，也就是一个四分音符的长度，一拍。

因为三连音实际上是将一拍平均分成三等分，因此我们在演唱时，要注意唱的均匀。

▲《义勇军进行曲》前奏：

$$1 \cdot \underline{3} \; 5 \; 5 \mid 6 \quad 5 \quad \mid 3 \cdot \underline{1} \; \overset{3}{\overline{\underline{5 \; 5 \; 5}}} \mid 3 \quad 1 \quad \mid \overset{3}{\overline{\underline{5 \; 5 \; 5}}} \; \overset{3}{\overline{\underline{5 \; 5 \; 5}}} \mid 1 \quad 0$$

在《义勇军进行曲》的前奏中，多处运用了三连音。我们一起来练唱一下。

（2）切分节奏（有大切分和小切分两种）

大切分 $\underline{5} \; 5 \; \underline{5} = \underline{5} + 5 + \underline{5} = 5 -$（2拍）

小切分 $\underline{5} \; 5 \; \underline{5} = \underline{5} + \underline{5} + \underline{5} = 5$（1拍）

一个音把另一个等长的音平均分开，从而改变了原来的强弱规律。

一个音把另一个等长的音平均分开，看上去就像把另一个音从中切开一样，因此人们就形象地把它叫作切分音，这种节奏就叫作切分节奏。在一般情况下，两拍子当中，前一拍是强拍，后一拍是弱拍；在一拍子当中，前半拍是强拍，后半拍是弱拍。而切分节奏的运用就改变了原有的强弱规律，从而产生新的艺术效果。

我们在唱切分节奏时，注意前两个音同样要求唱得强一些。

▲《中国人民解放军军歌》开始部分：

$$1 \; 1 \quad 3 \mid \underline{5 \; 5} \; \overline{6 \mid \dot{1}} \cdot \quad \underline{6} \mid 5 \quad 0 \mid$$

我们 的 队伍 向 太 阳，

此歌开始的部分就用了连读的切分节奏，我们来练习一下。

（四）常用记号

学习了小节、拍子和变化节奏之后，我们还要学习一下常用记号。在乐谱上，常常会看到各种各样的记号，它们对如何理解和把握作品的思想感情有着重要的提示作用。现在我们分别来学习。

1.演唱（奏）记号

（1）"-"保持音记号，表示该音要唱得饱满，要把拍子唱足。

《我是一个兵》

$$\overline{2}\ \overline{3}\ |\ \dot{3}\dot{2}\dot{1}\ |\ 6\ \dot{1}\ |\ \dot{1}65\ |\ \cdots\cdots$$

枪 杆 握得紧，眼 睛 看得清，

在唱"枪杆""眼睛"时，就要唱得饱满些，稍夸张地强调一下。在器乐演奏时，碰到保持音记号，同样要求将音奏得充分和饱满。

（2）"▼"顿音记号，表示该音要唱得短促、跳跃。

《泉水叮咚响》

$$3\ \widehat{35}\ 6\ 5\ |\ 3\ \widehat{35}\ 6\ 5\ |\ 3\ \widehat{35}\ \dot{1}\ \dot{2}\ |\ \overset{2}{\underset{\smile}{5}}\ -\ |$$

泉水 叮咚，泉水 叮咚，泉水 叮咚 响，

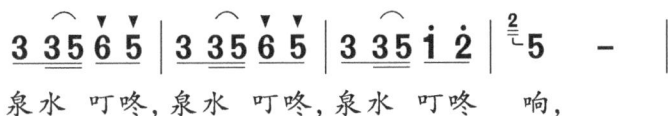

这里顿音的使用使泉水的形象格外生动，我们演唱时要注意唱得轻快而有弹性。（示范练习）

（3）">"重音记号，表示该音要唱得坚强有力。

《大刀进行曲》

$$\overset{>}{\dot{1}}\ \overset{>}{\dot{1}}.\ |\ \dot{1}\ -\ |\ 5.\underline{65}\underline{3}\ 1.\ 3\ 5\ -\ |\ 6\ 0\ |$$

大刀 向 鬼子们的头 上砍 去！

这里重音的处理，提示人们要唱出对敌人的满腔仇恨。（示范练习）

（4）"⌢"延长记号，表示该音按艺术的需要自由延长。

这里延长记号的运用，生动地表现出人民对敌人的满腔仇恨与斗争精神、英雄主义。（示范练习）

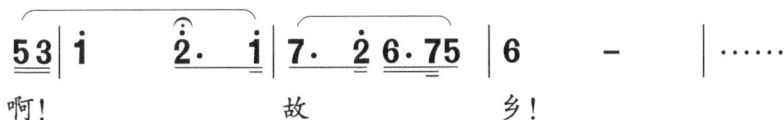

$$\underline{53}\ |\ \dot{1}\ \widehat{2}.\ \dot{1}\ |\ 7.\ \dot{2}\ 6.\ \underline{75}\ |\ 6\ -\ |\ \cdots\cdots$$

啊！ 故 乡！

（5）"⌒"，连音记号，也叫连线。

它有两个作用：第一，表示音的长短；同样音高的音加上连音记号，就可将其音的时值加在一起，唱成一个音，这时的连线也叫延音线。

第二，一字唱多音也需要用连线把这些音连接起来。

比如《我爱这蓝色的海洋》中的"海"字，就用连线把这些音连了起来。

我 爱 这 蓝 色 的 海 洋

（6）"V"呼吸记号，呼吸记号也叫换气记号。它是作曲家对演唱中呼吸位置的提示，恰当的呼吸，不仅可以始终保持气息的饱满，而且有助于情感的表达。比如这里《我的祖国》的片断，我们练习一下。（示范练习）

听惯了艄公的号 子，看 惯了船 上的 白 帆。

2.力度记号

下面我们来学习第二类常用记号：力度记号。

音乐进行中强与弱的程度叫作力度，音乐作品除了在节拍中出现的强弱拍之外，还有各种强弱的变化，这些变化要通过力度记号表现出来。常用的力度记号有：

（1）段落间的力度记号

ppp 最弱 pp 很弱 p 弱 mp 中弱

fff 最强 ff 很强 f 强 mf 中强

它们表示某一段落的力度要求。例如

《唱支山歌给党听》2-1-4：

唱支山歌给党听

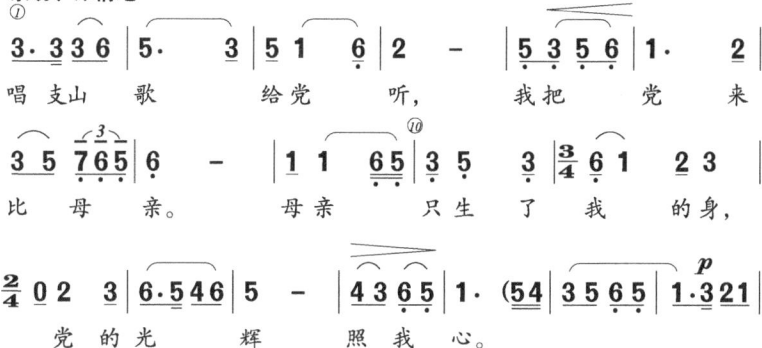

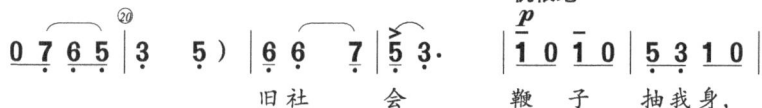

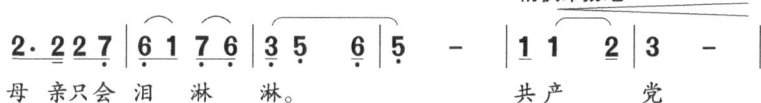

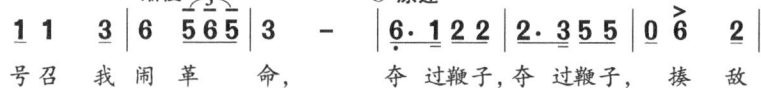

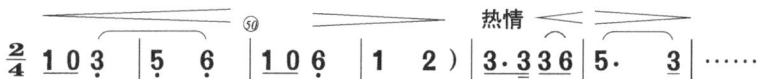

（注：歌谱上方的圆圈号为小节数）

图 2-1-4

这首歌开始的部分，作者要求以一种亲切、深情的情感状态来演唱，因此作者特意标上了"中强"的力度记号。随着情感的发展，音乐逐渐推向了段落间的高潮，这时作者标上了"强"的力度记号予以提示。

（2）逐渐变化的力度记号

渐强"———————"渐弱"———————"

力度的变化对音乐形象的塑造也起着很重要的作用。

▲《中国人民解放军军歌》片段

$$\underline{1}\cdot\underline{3}\,5\,5\;|\;\underline{3}\cdot\underline{5}\,\underline{1}\,\underline{1}\;|\;\underline{5}\cdot\underline{7}\,\underline{2}\,\underline{2}\;|\;\dot{3}\cdot\;\;\underline{\dot{2}\,\dot{1}}\;|\;\dot{5}\cdot\,\dot{5}\,\dot{5}\;\cdots\cdots$$

从　无畏惧，绝　不屈服，英　勇战斗，直　　到把　反　动派

（示范）歌声中的渐强有力地表现出了中国人民解放军一往无前的英雄气概。力度的变化经常和旋律进行的方向直接相关，当曲调由低向高时，力度往往随之加强，反之力度往往随之减弱。比如这首歌的渐强就离不开音调的上升。

▲《军港之夜》

$$3\,5\;5\,3\;|\;3\,2\,3\,2\;|\;\underline{\dot{7}\,6}\,\underline{7\,6}\,5\;|\;1\;\;-\;\;|\;1\;\;-\;\|$$

嗯　　　　　　　　　　嗯

（示范）渐弱的哼鸣生动地表现出茫茫大海之上、静静军港之中，水兵们头枕波涛、安然入梦的情景。

3.速度记号

速度是音乐进行的快慢程度，为了准确地表达出音乐特有的思想感情和艺术形象，音乐必须按照一定的速度进行演唱或演奏。常见的速度记号有两种：

一是借用五线谱的符号来标记，例如♩=72。

除了五线谱，我们也经常在简谱的开始看到这样的符号，这就是借用了五线谱的符号来标记速度。这个音符是五线谱中的四分音符，它的意思是：以四分音符为一拍，每分钟72拍。

二是用中文标记。

进行曲速度：每分钟为 96 ~ 112 拍。

慢速或稍慢：每分钟为 40 ～ 72 拍。

中速：每分钟为 76 ～ 96 拍。

快速：每分钟为 100 ～ 208 拍。

音乐的速度与乐曲的内容是紧密相关的，一般来说，较快的速度比较适合表现激动、欢乐、兴奋、活泼的情绪，而较慢的速度大多适合表现赞颂、悲伤、沉痛或回忆的情绪。

比如舒曼的著名的《梦幻曲》，优雅起伏的旋律和舒缓的速度，表现了一种宁静的梦幻气氛，把人们带入甜美的回忆和令人怀念的往事之中。

而舒曼的另一首钢琴小品《快乐的农夫》，则以小快板的速度，塑造出活泼而富有朝气的音乐形象。

4. 反复记号

常见的反复记号有：

（1）‖: :‖反复记号，表示记号之间的旋律要唱两遍。例如《大路歌》：

‖: 2 2 2 1 6 | 2 3 1 2 | 1 1 1 21 | 6 1 #5 6 :‖

哼呀咳嗬　咳咳嗬咳！哼呀！嗬咳　吭！嗬咳吭！

如果曲调是从头反复，就可以省略前面的"‖:"。

（2）反复跳跃记号。例如《在那桃花盛开的地方》曲谱：

1.　　　　　　2.

0 2 3 5 5 | 5· 6 | 1·6 5 3 2·3 | 2 6 1 7·2 6 5 6 | 5· (5 3 :‖ 5· 5 3 | i ……

总是把你　　深　情的向　　　　往。

我愿驻守　　在风　雪的边　　　疆。啊！

第一段唱到 ⌐1⌐:‖，然后从头反复，第二遍唱到"风雪的边"时，跳过 ⌐1⌐:‖，接唱"疆"。

（3）"D.C."从头反复记号。写在复纵线‖ D.C.，表示从头反复至‖ FINE，或‖结束。

（4）"D.S."反复记号。记在复纵线‖ D.S.。表示从前面的"𝄋"处开始反复，唱或奏至‖结束。

5. 装饰音记号

装饰音记号是用来装饰旋律的小音符及某些旋律型的特别记号。装饰音在决定音乐风格与形成音乐个性方面起着非常重要的作用。

下面介绍几种典型的装饰音。

（1）倚音：以小的八分或十六分音符的形式标记在主要音符的左上方，或右上方。记在左上方叫前倚音，记在右上方叫后倚音。

如 $\overset{2}{}\text{1}$ 实际唱为 **21·**（前倚音）。

3 $\overset{5}{}$ 实际唱为 **3·5**（前倚音）。

（2）波音：由主要音与上方或下方音快速交替而成，分为上波音与下波音。

（示范）这里"$\overset{\sim}{6}$"是上波音，唱成"**676·**"。

$$5\ 6\ \overset{\frown}{6\ 5}\ |\ 5\ 2\ \overset{\frown}{2\ 1}\ |\ \cdots\cdots$$

月 亮 走，　　我 也 走，

如 $\overset{\sim}{6}$ 是下波音，就要唱成"**656·**"。

（3）变化音：变化音记号共有3种：

#升记号：表示将右边音符升高半音。例如《国际歌》：

$$5\ |\overset{.}{3}\ -\ \overset{.}{2}\ 5\ |\overset{.}{1}\ -\ 7\ \underline{7}\ |\ 6\cdot\#5\ \underline{6\cdot}\ \overset{.}{2}\overset{\frown}{}\overset{.}{2}\ -\ \underline{2\ 0}\ |\ \cdots\cdots$$

英　特　纳 雄 耐　尔　就 一　定 要　实　现。

这里变化音级具有的独特韵味，生动地表达出作者对美好夜晚的神往和美好爱情的追求。

"♭"降记号，表示将右边音符降低半音。例如《咱们领袖毛泽东》：

$$5\ \ 5\ |\overset{.}{1}\overset{\frown}{}5\ \ 4\ |\overset{\frown}{2\ 5}♭\underline{7}\ 1\ |\ 2\ -\ |$$

高　楼　万丈　平　地　起

♮还原记号，表示将原来升高或降低的音还原。例如《红莓花儿开》：

$$\underset{\text{满}}{\overset{\frown}{\dot{6}}}\ \underset{\text{怀 的}}{6\ \ \sharp 5\ \natural 5}\ |\ \underset{\text{心 腹 话 儿}}{4\ 4\ 3\ 2}\ |\ \underset{\text{没 法 讲 出}}{3\ 3\ 3\ 3}\ |\ \underset{\text{来}}{6\ 0\ 0}\ \ :\|$$

注意：变化音记号只对本小节内的相同音级有效。

（五）调号与定调

最后我们学习一下调号与定调。

调号位于歌谱左上方，是明确音高位置的符号。

拿到一首歌曲，你会发现在歌谱的左上方总是标有 1=C 或 1=G 之类的记号，这就是调号，是一种表示 "1" 的音高位置的符号。见图 2-1-5：

图 2-1-5 键盘图

图中白键上七个音依次是 CDEFGAB，它们的读法按英文字母的发音来读。这七个音被称作基本音级，它们也是 C 调的 1234567，也就是 C 调的音阶，它们的音高是固定不变的。我们已经知道音阶当中除了 E 和 F 以及 B 和 C 之间是半音，其余的音与音之间都是全音关系，一个全音包含两个半音。因此，当两个白键之间是全音关系时，它们之间就夹有一个黑键了。黑键与相邻两个全音之间构成了半音关系，它们是相邻白键上基本音级的变化。它比左边的白键高半音，比右边的白键低半音。比如 C 和 D 之间的黑键，就比 C 高半音，比 D 低半音，因此这个黑键既可以记作 "♯C"，也可以记作 "♭D"。这样，白键和黑键加起来共 12 个音，代表了 12 个固定的高度。所以，"1 = C" 就是曲谱里的 "1" 的音高，要唱得同键盘上 "C" 键发出的音一样高。依此类推，"1 =♭B" 也就是 "1" 要唱得同键盘上♭B 黑键发出的音一样高了。

最后，我们了解一下怎样定调。每个人的声音条件不同，歌唱时需要选择一个适合自己嗓音条件的调。

首先，可以利用键盘乐器定调，如手风琴、电子琴等。这是最直观、最方便的方法。

其次，可以利用身边有固定音高的乐器来定调，如口琴等。拿口琴来说，假如你有一支 C 调口琴，吹出 C，以它为 1，那就是 1=C；吹出 G，也就是 C 调的 5，但以它为 1，那么 C 调的 5 就成了 G 调的 1，也就是 1=G。

如果是在队列行进中歌唱，就可以用自己的嗓音定调。我们先找到歌曲的最高音和最低音，如果唱起来都没问题，那么再从最高音或最低音开始，顺着音阶找到乐曲开始的那个音就可以了。

比如《听党指挥歌》，最高音"2"，最低音"5"，那么先唱最高音"6"，然后顺着音阶"654……"唱到"5"，如果感到"5"太低，唱不下去，可以把调再提高一些，再顺着音阶唱到"5"，没问题后，再从"5"唱音阶到歌曲开始的第一个音"2"，这样，唱起歌来，就会有十分的把握了。

我们可以用这种方法再练习一下。

二、歌唱技能

随着军营歌咏活动水平的不断提高，广大官兵已经不满足于唱得"高"、唱得"响"，而是追求唱得"美"、唱得"艺术"。这里介绍一些适合基层官兵提高歌唱水平的基本知识。

（一）歌唱的姿势

歌唱是一种特殊的身体运动，歌唱姿势的正确和优美，是避免错误的发声和增强艺术表现力的前提。

1.身体

身体自然而放松地直立，胸部自然挺起，两肩松弛，腰要直，小腹与臀部微收，双手自然下垂，双脚分开大约与肩同宽。

2.坐姿

取坐姿练唱时，应坐椅面的前半部分。坐满椅面，容易养成塌腰、含胸和搭肩的毛病。其他方面与站姿完全一致。

（二）唱歌的方法及其训练

歌唱方法由声带、呼吸、共鸣、语言四部分技巧组成，正确的歌唱状态是将这四部分"设施"及其功能有机地加以结合和运用，这就需要科学的方法和不间断地训练，才能使我们的嗓子真正成为能准确自如地表达我们思想感情的"乐器"。所谓歌唱训练，就是指对这四个部分的训练。这里着重介绍一些提高基层歌唱水平的基础训练方法。需要说明的是，歌唱方法的训练看不见、摸不着，只能靠听觉去辨别，靠感觉去体会，因此我们在练习时要特别注意对身体和声音进行细心的感受和辨别。

1.声带及其训练

声带，也就是人们通常所说的嗓子，它是歌唱的音源。在人体的各个器官中，声带是最弱小、最娇嫩、很容易受伤的一种。如果歌唱方法不正确，轻者会使声带产生病变，短期内无法歌唱，重者则会失声，因此科学的训练方法是很重要的。一般来说，在练习发声时，要注意声带是否有严重的不适或疼痛感，声音是否变得沙哑等，出现上述情况，应马上停止。同时，还要注意与其他方法结合起来练习，因为声带太用劲儿而少呼吸会导致声音变得生硬、苍白；多呼吸而少用声带时，声音又会虚散无力；没有共鸣时，声音则会单薄、少磁性等等。如果有条件，最好由内行指导。

2.呼吸及其训练

唱歌与我们的生存一样，是离不开呼吸的，但二者却有明显的区别。生活中的呼吸是自然的，无需方法。但歌唱中的呼吸却是一种技巧，需要加以训练才能掌握。歌唱中的呼吸在训练时是采取既分解又结合的方法，对呼与吸分别有不同的要求。

吸气要求用鼻子和嘴同时进行，气要吸得深，要充满整个肺部，并且要求自然、放松，人们常用"闻花"或"打哈欠"时的经验来帮助找到这种状态和感觉。在这种状态下，身体是放松的和舒展的。但要把这种方法自如地

运用到歌唱过程中去，是需要通过不间断的训练来掌握、巩固和保持的。

呼气的力量可强可弱，比如我们有时咳嗽或打喷嚏会把腰带震开或震断，就是呼气显示的力量。但通常在歌唱时并不需要如此大幅度的呼气动作，只需要适量就可以了。而这个"适量"同样需要练习才可以做到。

在训练时，我们还要学会吸气与呼气相互合作，努力将深吸进的气息保持住。它的主要表现是腰部周围的肌肉向外扩张，在吸气的基础上发声，让呼与吸在身体内部产生对抗，使这种对抗在演唱完一个乐句重新需要呼吸时才可以放松。也就是说，要把呼气与吸气根据演唱需要分布在一口气唱完的乐句段落中，然后下一个乐句又接着吸气、呼出，如此循环反复。要想正确掌握、灵活运用并使呼吸牢固地结合在发声过程中，在训练的初期，最好在专业老师的指导听辩及自听录音的帮助下，尽快学会分辨什么是带呼吸的声音、怎样调整呼气吸气，以及怎样将正确的呼吸程序及方法运用到发声练习中。同时还要坚持练习，久而久之，养成习惯后，只要一开口，歌唱式的呼吸就会自然跟上。

（三）练习呼吸的方法和呼吸的方式

1. 练习呼吸的方法

（1）弯腰九十度，两臂自然放松下垂，两脚略分开站稳吸气，这时气息便很自然地吸到了腰的周围，同时后背也会有明显的膨胀。

（2）平躺在床上吸气，将气息深深地吸入，使气息进入到腰部周围而不是停在肺部。

（3）平时多做跑步、游泳等深呼吸的运动。

（4）用正确的歌唱吸气方式深吸一口气，然后慢慢地呼出，存留气息的时间越长越好。

以上都是有助于尽快增加歌唱呼吸肌能的有效办法。

2. 呼吸的方式

（1）慢吸慢呼。慢慢吸气，略停顿后慢慢呼出。呼气要均匀而有节制，注意在呼气保持时不能有僵硬的感觉。

（2）慢吸快呼。慢慢吸气，略停顿后快速呼出。注意呼气时肌和横隔膜快速而有弹性的收缩动作。

（3）快吸慢呼。快速吸气，略停顿后慢慢呼出。这是一种常用的呼吸方法。

（4）快吸快呼。快速吸气，快速呼出。

以上几种呼吸方式可以适用于不同情绪、不同风格演唱的需要。同时，也可以根据歌曲表现的要求，灵活地运用于同一首歌曲之中。总之，选择正确的呼吸方式，是准确表达歌曲内容情感的基础。

3. 共鸣

人的声带发出的声音是很微弱、单薄的，只有在人体的不同腔体通过共振才能使它扩大和美化。根据共鸣腔体的不同，共鸣分为胸腔共鸣，唱中音时候多用的口腔共鸣，以及唱高音时多用的头腔共鸣。共鸣在歌唱中非常重要。以大鼓为例，它能发出雷鸣般的声音，是因为具有硕大的鼓身，如果只有鼓皮，无论你用什么方法敲击，也无济于事。鼓的鼓身就是它的共鸣腔体。声带就好比一件乐器，打开腔体，让声音通过各腔体的振动产生共鸣再发出来，声音才会有坚实的穿透力。我们说呼吸要深而放松，其实正确的歌唱呼吸方式已经很自然地将身体各个部位的共鸣腔体打开了，需要我们做的是：把这些打开的共鸣腔体像训练声带及呼吸机能一样，将它训练、调整到我们需要的歌唱过程中去，在扩大、美化声音的同时，根据演唱风格、声部、音色等具体情况灵活运用。

直接鉴别共鸣腔体是否结合适当的方法是：当声音进入高声区时，头部有明显的振动；进人中声区时，则明显感到口腔和咽腔共鸣在起主导作用；进入低声区时，胸腔有明显的振动。这说明每个声区都有它主要突出的共鸣区，但其余的共鸣腔体并没有做休眠状态，与之相比，区别只在"运动量"的大小而已。一般来说，三种共鸣最好不要单独运用，而是应当根据具体情况适度调整和改变共鸣腔体之间的比例。

共鸣腔体的合理运用同样需要准确的听辩，需要细心体会发声对其肌肉的活动规律，反复练习，直到开口就"上路"为止。需要说明的是，一般生活中的语言行为是没有共鸣的，如果能在平时说话时学会使用共鸣，不但能使声带减轻疲劳，美化、增大音量，而且能随时巩固歌唱状态所需的共鸣机能。

（四）基层演唱中的常见问题及解决方法

1. 喊歌

"喊歌"即用没有经过呼吸和共鸣方法修饰的自然嗓音、高昂着头、使出全身力气"喊"出歌来，这是基层歌唱中比较普遍的问题。它不但不会发出想象中的大声音，久而久之还会伤及声带。这就像一段松紧带在双手之间长时间地绷到极限一样，最后会有彻底失去弹性的可能。因此，平时要注意歌唱的姿势，注意下巴不能翘起，要与身体保持平行，这样声带就有了一定的空间和活动余地。同时养成良好的发声习惯，只要张口就想到是唱而不是喊，努力结合所学的声乐知识，在理解音乐的情况下去歌唱，声带才会是真正意义上的铿锵有力。

2. 声音发抖

出现"声音发抖"原因有二：一是初学者把良好歌唱状态下声音的自然波动理解为只抖动声带而有意模仿；二是呼吸的强烈冲击所致。纠正的办法只有一个，就是反复做正确的呼吸练习，尤其是做"啊"等延长音的练习，在延长过程中声音停止波动直接送出，快呼慢吸，直到出现呼吸的自然波动为止，使呼吸根据需要均匀地运用在歌唱过程中。

3. 跑调

跑调有两种情况，一种是由于气息强烈压迫声带，使其无法按照预定的音高振动所至；一种是缺乏气息支持导致声音偏低。上述两种情况同样是呼吸机能不佳造成的。这就需要尽快具备一定的调整声带和呼吸之间用量的听辩能力，在歌唱状态中体会、摸索呼吸运用的基本规律，反复练习，直到消除跑调现象。

三、指挥技能

各类集体性的音乐活动需要有统一的指挥。指挥分为歌唱指挥和乐队指挥两种，本节主要介绍歌唱指挥，这是基层部队常用的技能。指挥者应以自己丰富的面部表情，稳健的形体动作，准确、简洁的指挥手势，把自己对歌曲的理解传达给歌唱者，并感染和带动大家以充沛的感情、整齐的节奏、准确的速度、和谐而富于表现力的声音，将歌曲的内容正确地表达出来。

（一）指挥的姿势

指挥姿势的基本要求是：自然、大方、舒展、准确、简洁。

具体要求如下：

身体：身体要自然挺拔，有时可根据歌曲情感的需要，做稍向前或向左、向右的倾斜动作。状态要积极向上，以沉稳和自信面对歌唱者注视的目光。

双脚：双脚呈跨立或近似稍息的姿势，两脚距离与肩同宽，重心落在两脚之间。

头部：头要略抬，颈部放松，并善于根据歌曲内容的需要，运用面部表情特别是眼神的示意，启发大家的感情并意会需要注意的问题。

肩、臂：双肩要舒展放松，指挥时双臂在前，两肘之间距离略宽于身体。

手势：手臂稍突出，掌心相对，五指自然分开，略呈弯曲。

（二）指挥的基本图式与动作

1.指挥的基本图式

在平时所唱的歌曲当中，最多的就是二拍子、三拍子、四拍子。而指挥这三种拍子的方法，也被称为指挥的基本图式（如图 2-1-6 所示）。

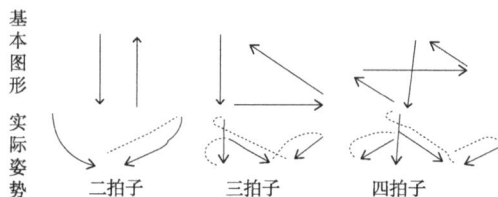

图 2-1-6　指挥图式

2. 指挥的基本动作

（1）打拍子

击拍点与反弹指挥常被人们称为打拍子。打拍子最基本的就是要打出"拍点"来。拍皮球时，手从上面拍下去，拍到球后又反弹回来，这个过程很像打拍子，而手拍到球的那个触点就是击拍点。指挥时，手由上向下的击拍是有力的，手的反弹动作是一种惯性，这一下一上就构成了一拍。

击拍是指挥的基本功，要认真练习。练习时注意肩膀与大臂一定要放松，靠肘关节带动手掌与手腕有弹性地打出拍子来。

（2）硬击拍与软击拍

根据击拍力度的不同，一般将击拍分为硬击拍与软击拍两种。

硬击拍的特点是下拍有力，拍点明确，反弹迅速（图 2-1-7 即硬击拍图式）。一般来说，节奏铿锵有力、情绪昂扬向上的队列歌曲和群众歌曲多使用这种击拍法。例如《一二三四歌》《保卫黄河》等。

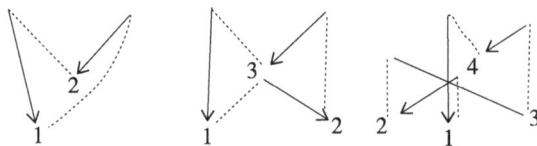

图 2-1-7　硬击拍图

软击拍的特点是下拍柔和，淡化拍点，以连贯的弧形打出拍子的时值。图 2-1-8 是几种拍子的软击拍图式。

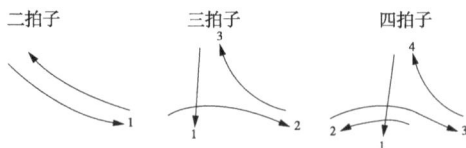

图 2-1-8　软击拍图

软击拍法适用于指挥抒情的、歌唱性的歌曲。如《小白杨》《说句心里话》等。

击拍的幅度是指指挥动作的大小。通常将击拍的幅度分为三种：小幅度、中幅度、大幅度。

①小幅度。小幅度击拍是以手腕为轴心，以指尖为终端来完成指挥动作的。一般来说，运用小幅度时两手距离与肩同宽。小幅度也有两种击拍法，小幅度与硬击拍相结合，多适用节奏轻快活泼、情绪力度变化不大的音乐段落。

如《一二三四歌》的中间部分：

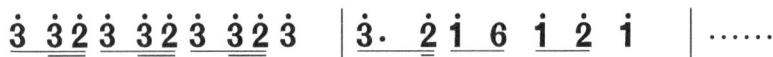

$$\dot{3}\ \dot{3}\dot{2}\dot{3}\ \dot{3}\dot{2}\dot{3}\ \dot{3}\dot{2}\dot{3}\ |\ \dot{3}\cdot\ \dot{2}\dot{1}\dot{6}\ \dot{1}\dot{2}\dot{1}\ |\ \cdots\cdots$$

一 呀么一 呀么一 呀么一， 一 杆 钢 枪 交 给 我

《游击队歌》的开头部分：

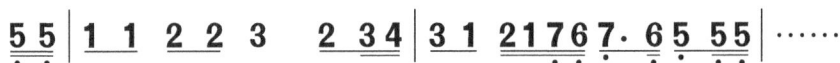

$$\underline{5\ 5}\ |\ 1\ 1\ 2\ 2\ 3\ \ 2\ 3\ 4\ |\ 3\ 1\ 2\underline{1}\underline{7}\underline{6}\underline{7}\cdot\underline{6}\ \underline{5}\ \underline{5\ 5}\ |\ \cdots\cdots$$

我们 都是 神 枪 手， 每 一颗 子弹 消灭 一个 敌 人,我们

小幅度与软击拍相结合，则适用指挥节奏委婉、力度较弱、感情平和的段落。如《军港之夜》的开头部分：

$$\underline{\dot{5}\ 3}\ 3\ 1\ |\ \underline{2\ 3}\ 2\ \ \overset{\frown}{3}\ \ 3\ \ \overset{\frown}{\underline{6}\ \dot{5}}\ |\ \overset{12}{1}\ \ -\ \ |\ \cdots\cdots$$

军 港 的 夜 啊 静 悄 悄，

②中幅度。中幅度以肘部为轴心，以指尖为终端来完成指挥动作。中幅度是最常用的一种指挥动作，它也有两种击拍法。中幅度与硬击拍相结合，适用指挥绝大多数节奏鲜明、富有激情的队列歌曲、群众歌曲。如《歌唱祖国》《当兵的人》等。

中幅度与软击拍相结合适用大多数抒情性的、歌唱性的歌曲。如《九九艳阳天》《小白杨》等。

③大幅度。大幅度是以肩部为轴心，以指尖为终端来完成指挥动作的。大幅度只有软击拍一种方法。指挥时手臂伸展，手的高度与头同高或稍高过头。

大幅度常用在歌曲的高潮处，它给人一种恢弘的气势和规模感。

如《国际歌》的最后一句：

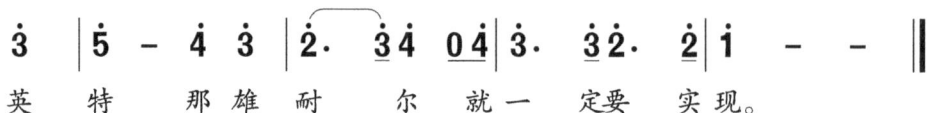

$$\dot{3} \mid \dot{5} - 4\ 3 \mid \dot{2}\cdot\ \widehat{3\ 4}\ \underline{0\ 4} \mid \dot{3}\cdot\ \underline{\dot{3}\ 2}\cdot\ \underline{2}\ \dot{1} \mid 1 - - \parallel$$

英　特　那雄耐　尔　就一　定要　实现。

以及电影《英雄儿女》插曲《英雄的赞歌》的结束部分：

$$\underline{0\ 5}\ \underline{6\ 1} \mid \dot{2}\cdot\ \ \dot{3}\ \dot{1}\ 7\ 6\ 5 \mid 6 - 6\ 6\ 1\ \dot{2} \mid$$

为　什么大　　地春　常　在，　　英雄的

$$\dot{3} - 7\cdot\ \underline{6} \mid 5\ \underline{3\ 5}\ \underline{6\ 1}\ \underline{2\ \widehat{3\ 2}\ \underline{1\ 2\ 3}} \mid \dot{1} - 0 \mid$$

生　命　开　鲜　花。

击拍的活动范围分为下区、中区、上区。

①下区。击拍时以腰线为中心进行各种力度与幅度的上下摆动。

②中区。击拍时以胸线为中心进行各种力度与幅度的上下摆动。

③上区。击拍时以眼线为中心进行各种力度与幅度的上下摆动。

从上面的介绍，可以发现，不同的击拍法，不同的击拍幅度，不同的击拍范围，为指挥动作提供了多种可能性。

任何一首歌曲都不可能是一种击拍方式或一种幅度、一种指挥区域贯穿到底的。指挥的动作要根据音乐表现的需要不断变换。即使是同一首歌曲，不同的指挥也会有不同的动作设计。要想尽快提高自己的指挥水平，就要刻苦地进行基本动作的训练。熟悉和掌握每一种动作的艺术表现力，同时养成认真分析歌曲的习惯。

3. 指挥的基本方法

指挥的基本方法主要包括起拍、收束方法、长音、延长音的指挥方法、左手指挥及二部轮唱的指挥方法。动作难度不大，但需要细心领会和认真练习才能掌握。

（1）起拍的指挥动作一般分为三个部分：准备动作（注意）、预备拍（呼吸）和起唱（开始）。

首先，准备动作双手由两侧抬起，两手心相对，手掌呈弧形，两手距离略宽于肩，肘部离身体大约 15 厘米。并用目光环视大家。这个动作的目的是提示大家做好歌唱准备，当指挥认为可以开始时。则进入下一个动作——预备拍。

预备拍：预备拍就是起唱前吸气的指挥动作。它是指挥起唱的关键动作。它通常在起唱前的一拍里完成。

比如，2/4 拍的基本图式见图 2-1-9-1），如果 2/4 拍的歌曲在强拍上起唱，那么预备拍就是弱拍，也就是第二拍（见图 2-1-9-2）。比如《我是一个兵》的预备拍（见图 2-1-10）。

与此相同，如果 4/4 拍子（图 2-1-10-1）的歌曲也在强拍上起唱，那么预备拍就是 4/4 拍子的第四拍（2-1-10-2），即强拍前的那一拍。例如歌曲《三大纪律，八项注意》的预备拍（如图 2-1-11）。

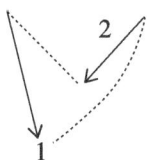

图 2-1-9-1　2/4 拍基本图式　　　图 2-1-9-2　2/4 拍 预备拍基本图式

《我是一个兵》

$$X \quad | \underline{5 \cdot \ 1} \ \underline{1} \ 6 \ | \ 5 \ \cdots\cdots$$

预备拍　　　我　是 一 个　兵，

图 2-1-10

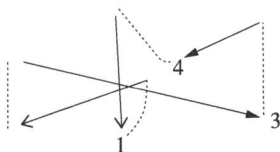

图 2-1-10-1　2/4 拍基本图式　　　2-1-10-2　2/4 拍 预备拍基本图式

$$X \quad | \; \underbrace{2 \cdot \; 3 \underset{\cdot}{5}} \; 5 \; | \; 3 \cdot \underset{\cdot}{5} 3 \, 1 \, 2 \; 0 \; |$$

预备拍　　　革　命军 人　个个要牢记，

图 2-1-11

①预备拍的速度提示了歌曲的演唱速度。预备拍的速度同演唱速度是一致的。演唱速度慢，预备拍就打得从容；演唱速度快，预备拍就打得短促。

②预备拍的力度提示了歌曲的演唱力度。力度较强有力的歌曲，预备拍就要采用硬击拍，而柔美抒情的歌曲，预备拍就要采用软击拍。

③预备拍的幅度提示了歌曲的感情幅度。有的歌曲一开始就气势很大，感情充沛，这就需要大幅度的预备拍来提示，比如《中国人民解放军军歌》的第一句"向前、向前、向前"，气势恢弘，有千军万马、雷霆万钧的气概，它的预备拍就要运用大幅度的指挥动作来表现。此外，有经验的指挥还可以通过预备拍传达出更丰富的启发与暗示。

（2）收束方法　收束动作分为两个环节：收束的预示动作与收束点。

第一，收束预示动作。在收束的前一拍上打出一个较大的反弹动作，引起注意，然后紧接在收束拍上打出收束点。

第二，收束点。收束点类似一个没有反弹的硬击拍。如果是强的收束，位置要稍高一些，打出收束点后稍做停顿，收束动作就完成了。如《我们走在大路上》的结束句：

$$\underline{\dot{1} \; 6} \; | \; 5 \; \underline{6 \cdot \underset{\cdot}{6} 3} \; 5 \; | \; \dot{1} \; - \; - \; \|$$

朝着 胜 利 的方　　　向。预示　结束点
　　　　　　　　　　　　　　　动作

收束动作分为强收、弱收、渐弱收等。强收要求动作鲜明果断，弱收则根据音乐的要求动作变软、变轻、变小。但无论怎样弱，预示动作（弱时可能只是一个呼吸）和收束点（弱时可能只是拇指与中指、食指轻轻一捏）都是不能缺少的，并且必须要能被清晰感知到。

（3）长音、延长音的指挥方法。在长音与延长音的位置上，打出明显的击拍点并停留在这个位置上，当时值延长或保持够之后，接一个与后面音乐力度、速度、情绪相一致的预备拍（即呼吸动作）就可以了。预备拍的起法同起拍中介绍的一样。如果长音或延长音后面是强拍起唱，就运用强拍的预备拍方法，如果是后半拍起唱，就用后半拍的预备拍方法。例如《中国人民解放军军歌》的片段。

进行速度　勇往直前

$$\underset{\text{向}}{\overset{>}{\dot{1}}}\underset{\text{前}}{\overset{\cdot}{\dot{1}}}\underset{\text{向}}{\dot{1}}\underset{\text{前}}{\dot{1}}\Big|\underset{\text{向}}{\dot{1}}\underset{\text{前!}}{\dot{1}}\cdot\Big|\quad\Big|\underset{\text{我们}}{1}\ \underset{}{1}\quad\underset{\text{的}}{3}\ \underset{\text{队}}{5}\ \underset{\text{伍}}{5}\quad\overset{\frown}{6}\Big|$$

预备拍

开始两小节速度稍慢、力度很强，可选用上区位置的硬击拍。第二小节切分音。因为第二个音符是延长。所以每个音符击一下，并在第二个击拍点上保持住，当延长时值够了之后，采用强拍起唱的预备拍方法，在第三小节前一拍（预备拍箭头处）打一个与后面速度、力度、情绪一致的四分音符预备拍就可以了。

（4）左手指挥的方法。很多同志对两手做相同并对称的指挥动作感到不满足，希望两手的动作能够更丰富一些。的确，在指挥时，两手的分工是有所侧重的。一般说来，右手掌握节拍、速度、完成基本图式，而左手除了配合右手一起击拍，还担负一些强弱、力度、表情等的提示。这里介绍左手常用的三种动作。

第一，强调重拍。

左手动作可以简洁一些，在一些强拍或主要的音上强调。比如《没有共产党就没有新中国》的中部：

①		③		⑤
5 | 3 3 5 5 | 6 6 5 6 | i i i 6 2 | 7 6 5·6 | 2 2 2 i 2 |				
他 坚持抗战 八年多,他 改善了人民 生 活,他 建设了敌后				

右手:基本图式
右手: ↑

⑦				
3 3 2 i | 6 6 6 i i | 2 i 6 i | 5 — | i 5 6 i | ……				
根 据 地,他 实行了民主 好 处 多。 没有共产				

预备拍 两手相同
左手进入

这是一个节奏不断加快、情绪不断上涨的部分。右手打出硬击拍的基本图式,左手则只在第①③⑤⑦小节上打出强拍,根据音乐的不断发展,在①小节处,右手采取在以腰线为中心的下区,运用小幅度及有弹性的硬击拍来打出节奏,然后在③⑤⑦小节开始处,依次向上提高右手的动作区域,左手在打出强拍的同时,位置也相应提高。这样就很好地强调出了动作与音乐的层次感。左手在第九小节弱拍进入,两手共同在以眼线为中心的上区,以有力量的硬击拍表现出了歌曲的中心思想。

第二,做渐强与减弱的提示。

有时音乐的渐强与渐弱只靠右手的位置变化往往表现得不足,这时就要靠左手的动作来辅助和表现了。左手在表示渐强时,手心朝上,手由下向上抬起,而表示渐弱则是手心朝下,手由上向下逐渐下落。例如《义勇军进行曲》的中间一句:

5 | 1· | 1 | 3· | 3 5 | — ‖
起 来! 起 来! 起 来!

(呼吸)
预备拍

这是一种深沉而激跃的召唤,三声"起来!"一声比一声高昂,音乐的上升趋势极为明显。为了更好地表现音乐的内涵,可以用右手打出鲜明的节奏,并且击拍幅度不断加大，用左手由下向上做出"渐强"，在箭头处同右手会合共同打出预备（吸气）拍，把音乐推向高潮。

第三，长音保持。

$$\dot{5}. \quad \overset{\frown}{\dot{3}\dot{2}\dot{1}\overline{7}\,6}\;5 \;-\;-\;-\;|\;\overset{\frown}{4}\;-\;-\;\overset{\frown}{\dot{3}2\,3}\;|$$

三　　军过　　左手　后　　　　　　　尽　　　　开

右手

$$\dot{5}. \quad \overset{\frown}{\dot{3}\,2\,3}\;5 \;|\;\overset{\frown}{4}\;-\;-\;\overset{\frown}{\dot{3}2\,3}\;|$$

三　　军过　后　　尽　　　　　开

长音保持是一种比较常见的左手动作。在音乐的长音处，左手在高处打出击拍点后即保持，右手打出拍数或基本图式。《七律·长征》的这一句是一个很典型的例子，左手在第二小节强拍上保持，右手则指挥下面的旋律，左右手分工与音乐的要求非常一致。

（5）二部轮唱的指挥方法。二部轮唱是部队歌咏活动中经常运用的一种演唱形式。它将歌唱者分为两部分，一般是两部分人先后相差一小节进入，演唱同一首歌。节奏鲜明、短小精悍的队列歌曲最适宜使用这种形式，并往往能达到此起彼伏、互不相让、热火朝天的热烈效果。

指挥轮唱时，左右手分别指挥一个声部。一般是左手第一声部，右手第二声部。在起唱、第一句的开头及音乐中的重点地方，指挥动作都要力求明确、果断，双手的动作随声部的交替而起伏。当两声部汇合时，则以相应的对称动作来指挥。

歌咏活动，是基层官兵有组织地进行歌曲的教唱、歌唱和演唱的过程，是军队基层最为经常性的文化活动之一。它不仅能够展现官兵的精神风貌，而且还起着鼓舞士气、陶冶情操、增强部队凝聚力等多方面的作用。因此，掌握歌咏活动的基本知识与组织方法，对于指导基层文化工作实践，丰富军营文化生活具有十分重要的意义。

第二节　歌咏活动的组织方法与技巧

一、教唱歌曲的组织方法与技巧

随着社会文化生活的提高，好歌出现得又快又多，而学唱的方法也多种多样，有跟着各种传媒哼会的，有跟着 CD 唱会的。尽管如此，教唱歌曲仍然是基层部队主要的学唱歌曲的方式。教唱歌曲是部队文化活动重要的和经常性的内容，是部队基层开展好歌咏活动的前提，是提高歌咏活动水平的关键。所以，连队干部必须具备教歌的能力。

（一）教歌前的准备

教歌前进行精心的准备，是教好一首歌的前提与基础。准备工作中最优先的就是要选好歌。

1. 选歌

一首好歌等于一堂政治课，唱歌对人的思想、感情甚至行为都能够产生潜移默化的影响。所以，唱什么歌是很重要的。一首好的歌曲，可以振奋精神，鼓舞士气，陶冶情操，娱乐生活。这就要求我们在选歌时，首先应该注重选择那些反映部队生活、战士易学爱唱的优秀军旅歌曲。优秀的军旅歌曲对部队的思想政治建设具有积极的推动作用。另外，还可以选择那些内容健康向上、形式短小精悍、旋律流畅动听的民歌、通俗歌曲以及优秀的外国歌曲等等。了解军营外面的精彩生活是青年官兵必然的和积极的要求，因此，选择和学唱多种类型的优秀歌曲是扩展官兵的眼界、陶冶官兵的情感、满足官兵日益丰富的文化需求的重要方面。选好歌曲，不仅需要选歌者处处留心，而且还需要自身良好的思想文化素质。

2. 案头准备

案头准备就是设计并准备好教唱歌曲的实施方案。案头准备工作一般包括这样几个方面的内容：

（1）熟悉歌曲

熟悉歌曲就是教歌员将选定的歌曲反复练习，尽可能地对歌曲的内容、感情、节奏、力度、风格以及难点和重点有深刻、清晰的感受，力求唱准、唱熟。人们常说，歌曲是跳动着的音符，是流淌着的河，要想使原本停留在纸面上的曲谱真正地活起来，就需要我们用声音去体现。同样一首歌，同样的曲谱，但是由于人们各自理解的不同，演唱起来就会有千差万别。所以，作为教歌员，我们要尽可能地去体会和把握作品的风格和感情。也就是说，只有感受深，才能唱出情；只有唱出情，才能真正起到陶冶情操的作用。

当前，部队的文化生活条件已经越来越好了，对于大多数并没有接受过系统的音乐训练，对音乐基础知识也只是略知一二的教歌员们来说，除了乐谱，还可以通过其他多种途径去熟悉歌曲，比如我们可以通过 CD、VCD、Mp3、电视机、电脑等设备来学唱和体会。

（2）明确教歌中的断句和起唱提示

第一，断句。一段文字是由若干个句子组成的，同样的，一段乐曲也是由若干个乐句组成。但是，乐曲中的乐句并不像一段文字中的句子那样用明显的逗号、句号等标点符号分隔开来，而是教歌员通过换气点的选择，将一段乐曲断成若干个相对完整的乐句，以便利于歌曲的教唱。因此，教歌员在教歌以前对歌曲进行断句准备就成为案头准备工作中不可缺少的内容之一。教歌员断出的每一个乐句都要在长度适宜的前提下做到不破坏乐句的完整性。而要做到这一点，并不难，一般来说，只要大家找到合适的换气点，也就找到了合适的断句处。也就是说，只要让同志们能够一口气顺顺当当地唱出你断出的这一乐句，那么这个断句就是成功的。

以《严守纪律歌》中这一片段为例：

5· 55 1 | 2·2232 0 | 66 51233 | 21765 － |
军 号嘹 亮 步 伐整 齐   人民 军 队有 铁的纪 律

通过唱来寻找合适的换气点，发现在"步伐整齐"的后面，也就是休止

符所在的地方自然而然地换了口气。很明显，换气点在这儿。那么，这就是合适的断句处。就可以在这把乐曲分为两个乐句，分别教唱。假如把断句处放在别的地方，会明显地感觉到这一句根本没有唱完，感觉很不舒服。这就是破坏了乐句的完整性导致的问题，它打碎了这个乐句本应该具有的相对完整的音乐形象，或者说旋律走向。而且，由于它不处于换气点位置，还会使大家不容易跟唱下去。

第二，起唱提示。案头准备工作中另一个重要内容就是要熟练地掌握起唱提示。起唱提示，就是在教歌的过程中，每唱一句之后，教歌员要求学唱者跟唱而喊出的那个指令性的"唱"字。如果不掌握起唱提示的技巧，如"唱"字喊不出来，或者喊的拍子不对，那学唱的人就很难跟唱了。而且在歌曲中，有特点的句法节奏不仅是形成一首歌曲性格特点的重要因素，而且它往往贯穿发展，多次出现。因此，教唱者对一首歌曲特有的起唱进入方式一定要多加练习。在教歌过程中，每一次起唱的顺利与否，不仅影响着教唱者的自信心，也影响着学唱者的情绪以及教歌的效果。

那么，要给出准确的起唱提示需要掌握哪些技巧呢？

①于乐句的前一拍

起唱提示一定是位于跟唱的这一乐句的前一拍上。只有在前一拍上，也就是教唱员喊"唱"的这一拍里做好了准备，才能接着进行下面的歌唱动作。以《严守纪律歌》为例：

5·　5̲5̲ 1 ｜2·̲2̲2̲3̲2 0 ｜5·　5̲5̲ 1 ｜……
军　　号嘹亮　步　伐整齐（唱）（战士跟唱）

这一句中，教歌员如果将"唱"字喊在休止符的这一拍里，那么大家就会很自然地在这一拍里吸好气，做好准备，然后整齐、嘹亮地在同一时间跟唱出来。

②配以相应的指挥手势

起唱提示除了声音提示，配以相应的指挥手势也是很重要的，它能使起唱提示更加突出。教歌员在喊"唱"字的同时，做一个明显的、动作幅度较大的手势，这可以使起唱的提示更加清晰，引导大家更加准确地跟唱出来。

另外，以上所举的例子是正拍起唱的乐句，所谓正拍起唱的乐句就是指从一个小节的第一拍开始唱的乐句。这种情况是最普遍的。但并不是所有的歌曲都是正拍起唱。起唱的方式越是复杂，配以相应的指挥手势就越显得重要。

如《士兵的桂冠》：

$$\dot{1} \quad | \quad 5 \cdot \quad 6 \quad | \quad 5\ 4\ 3\ 6 \quad | \quad 5 \quad - \quad | \quad 5$$

太　　　阳　　　的　桂　冠　放　金　辉（二唱）

这个乐句是从一个小节的最后一拍，即第二拍起唱的乐句，同样，它的起唱提示也在其前一拍，即这一小节的第一拍，而这一拍上的音符是持续的，是前面"sol"的持续音，对应的"辉"字应唱三拍。但是如果在第三拍上喊"唱"，就会造成"辉"字只唱两拍的误解。因此在一开始教唱的时候可以在指挥手势的同时喊"唱"，但是当大家了解了起唱位置后，就可以只用手势提示了。

（3）相关背景材料准备

教歌的过程不仅仅是一个唱歌的过程，还是一个通过演唱、介绍、启发、情感、动作等等全方位地感染对方的过程。因此，要想教好歌，还要尽可能地做多方面的准备。比如，可以查阅相关资料，了解一些歌曲的创作背景和作家生平，结合歌曲进行相关的音乐知识介绍；对歌曲的内容及艺术表现特点准备一些介绍；还可以对歌曲的演唱特点考虑一些启发性的语言；对教歌过程中可能出现的难点准备一些克服的方法，等等。

总之，准备工作越充分，教唱起来就越自信、越从容、越容易成功。

（二）教歌的步骤与方法

任何一种技能都要遵循一定的规律，教唱歌曲也同样要遵循由浅入深、由

易到难、循序渐进的规律，同时还要遵循人们的兴趣规律等。在遵循这些规律的基础上，每个人都可以有自己的方法，由于教歌的步骤与方法并无一定之规，这里只介绍一些常见的供参考。

1. 语言介绍和示范演唱

（1）语言介绍

语言介绍包括介绍歌曲的主题思想、时代特点、作家生平、音乐风格，以及演唱的情绪、节奏、速度等。教歌员要在案头准备的基础上尽可能地对歌曲进行充分、全面的介绍。

（2）示范演唱

以示范演唱的方式对歌曲进行生动、形象的介绍。范唱要求情绪饱满，富有表现力，并务求准确。

曲谱是写在纸面上的东西，对于音乐作品来说，它只是最初的创作形态，要使它富有生命，就要靠二度创作，也就是要靠演唱者去演唱。演唱之所以叫作二度创作，就是因为它融入了演唱者本人对歌曲的理解和表现。而范唱是这首歌曲带给人的最初印象，好的范唱有助于学唱者更好地理解歌曲、学唱歌曲，并能激发学唱者的学习热情。因此，范唱是非常重要的。范唱的方式多种多样，可以自己范唱，也可以放录音、录像。

2. 教唱歌曲

介绍歌曲之后，就进入到了具体教唱的环节。这一重要环节大致可以划分为三个小阶段。不同的阶段有不同的重点，因而也有不同的方法。

（1）初学阶段

在初学阶段，战士们刚刚开始接触歌曲，所以要遵循由浅入深的原则。而教唱的方式各有不同，常见的有以下三种方法：

第一，先教曲谱，后加歌词。这种方法是先教唱曲谱，等曲谱唱熟之后，再加入歌词。它的好处是可以使大家尽快地掌握歌曲的旋律和节奏，唱得准，然后依音唱词就容易了，还可以提高大家的音乐修养，是一种值得提倡的教歌形式。

第二，直接唱词。这种方法是基层使用最多的。它是将词曲结合在一起直接教唱。这种方法特别适用于一些形式短小精悍，旋律简单明快的队列歌曲。但对于一些旋律比较曲折复杂的歌曲，则容易出现唱不准、随大流的现象。

第三，直接唱词与教唱曲谱相结合。这种方法以直接唱词为主，在不易唱准的难点处教唱曲谱，以帮助克服难点、纠正错误。

在初学阶段，无论采取上面哪种教唱的方法，在教唱时都是分句、分段地教唱。首先是一句句教唱，然后两句或一大句连起来教唱，最后是一个段落一个段落连起来教唱。

（2）巩固阶段

在巩固阶段，可以采用以下几种方法：

①教歌员和大家一起唱，教歌员大声唱，大家轻声唱，这样容易使大家发现自己唱得不对的地方；

②教歌员和大家一起唱，教歌员唱谱，大家唱词；

③分组练唱，一个组唱，另一组听，这样不但使嗓子得到了休息，脑子得到了复习，而且还使大家自然而然地产生了一种竞争的意识，使大家兴致高昂，更加积极地投入到歌唱中去；

④请个别同志单独唱，唱得好可以起到示范作用，唱得不对的地方可以及时发现和纠正，个别同志唱得不对的地方往往还极具代表性，由于合唱队中随大流的现象，很多人可能在同样的地方唱出同样的错音，所以纠正了个别同志也就等于给大家提了个醒，做了个示范；

⑤对容易唱错的地方重点练习；

⑥如有伴奏或伴奏带，可让大家小声跟唱，并熟悉前奏、间奏。

（3）提高阶段

当战士们学会了一首新歌之后，就可以对歌曲进行一些艺术处理，以提高大家演唱的兴趣与水平。比如，对一些节奏鲜明的队列歌曲、群众歌曲进行齐唱与轮唱相结合的处理；对一些抒情优美的歌曲进行齐唱与领唱相结合的处理。总之，可以根据作品的不同风格进行不同方式的艺术处理。

提高阶段是教歌的收尾阶段，好的艺术处理，能够燃起官兵歌唱的热情，能够把整个教歌活动推向高潮。

3. 教歌时应注意的问题

①注意调的高低。在教唱时，调可以起得稍低一些，这样学唱者的嗓子不易疲劳；在艺术处理时，调可以起得稍高一些，便于调动情绪。

②注意教歌速度。开始教唱时要注意放慢速度。

③注意及时纠正错误。一旦发现错误就要及时纠正，避免形成错误的习惯唱法。

④注意活跃气氛。在教唱过程中活跃气氛，调动情绪。比如分组竞赛式练唱。并且一定要注意避免打击性的言辞，对战士们的歌唱要以鼓励、赞许为主。

⑤注意歌唱卫生。比如教歌时间不要过长，剧烈运动之后不要连续大声地唱歌，在教歌过程中穿插安排战士们鉴赏一些相关的音像资料或安排短时间的休息，初学时可以轻声跟唱，等等。

二、队列歌唱的组织方法与技巧

队列歌唱是基层官兵在队列集合或队列行进时，伴随着特定的脚步节奏，并具有特定的情绪特征的一种有组织的演唱形式，是我军的歌咏老传统。军人的这种行进间的队列歌唱，以其特有的嘹亮的歌声、铿锵的脚步、勃发的英姿，展现出军人威武的气概与豪迈的情怀，成为军营中一道独具特色的文化景观。

队列歌唱这一特殊的演唱形式，给组织者提出了一些特殊的要求，这些要求，集中地体现在选歌和起歌两个方面。

（一）选歌

1. 选择速度、节奏适用行进间演唱的歌曲

队列行进有其特定的步伐节奏，步伐节奏是由队列行进的特有速度与左右脚交替带来的强弱变换形成的。因此在选歌时，要注意选择那些行进速度，节拍是 2/4 或 4/4 拍的歌曲。如《大刀进行曲》《团结就是力量》等。一般来

说，除了特别适于行进间演唱的队列歌曲，一些进行曲风格的群众歌曲也可以选唱。

2. 选择内容、情绪适用行进间演唱的歌曲

队列行进中，特定的动作频率（每分钟112步上下的步速）和共同的群体行为间产生的情绪共振，使军人的情绪处于一定的兴奋状态。越是整齐划一的动作，越有助于情绪的激发。所以我们要特别选择那些内容崇高向上、情绪豪迈昂扬的歌曲。这不仅与队列行进的情绪规律相吻合，而且有助于将昂奋的情绪向更高境界转化，也就是激发出官兵强烈的使命感和自豪感。因此，有些歌曲虽然节奏速度适于行进间演唱，但内容情绪却与队列行进特定的情绪相矛盾。如《小白杨》《想家的时候》等。这类军旅抒情歌曲一般来说就不适于行进间演唱，因为它淡化的节奏感会干扰行进步伐的坚定统一。反过来，铿锵有力的行进步伐也会改变和破坏歌曲特有的抒情意味。

此外，选歌时还要多留心一些特殊情况，比如出早操时战士唱着"日落西山红霞飞，战士打靶把营归、把营归"就不合适。

3. 选择长度适宜的歌曲

队列行进中演唱属于运动中演唱，耗费气息大，声带容易疲劳，不宜长时间地歌唱。在选歌时，就要尽量选择那些短小精悍的歌曲，而对于那些多段体的歌曲，可酌情减少重复。如《爱军习武歌》本身有三段，就可以根据情况在第一段或第二段的后面接上结束句。

（二）起歌

1. 把握调的高度

起歌时，把握好调的高度非常重要，调起高了容易声嘶力竭唱不上去，起低了又容易松垮压抑鼓不起劲来。要把握好调的高度，一般可用嗓音定调的方法。即先找到歌曲的最高音，再试试最低音，如果高低音都能够唱出来，那么就以最低音为基准找到歌曲第一乐句的第一个音起唱，这样就能使官兵唱得舒畅，声音洪亮。

此外，要想起歌起得好，还要在平时多留心。对官兵的嗓音高度，以及经常演唱的歌曲的音区，都要尽可能地做到心中有数。

2. 把握强拍的位置

两脚行进时在力度上是有差别的，一般来说，总是左脚稍强一些。所以队列口令的重音总是落在左脚上。而队列歌唱的强弱规律只有与行进步伐的强弱规律相一致时，才能相得益彰。因此在起歌时，起歌口令"预备——唱"要使动令"唱"字落在左脚上，这样才能使大家唱歌时将强拍落在左脚上。

3. 注重情绪的感染作用

人的情绪具有很强的感染功能，起歌虽然只是一个短短的瞬间，但它对周围人在情绪上的暗示与影响作用却是不可低估的。因此，起歌时要特别注意情绪的饱满与昂扬，要努力通过富于感染力的歌声，去瞬间激发和唤起战友们歌唱的激情。

三、集会拉歌的组织方法与技巧

集会前唱歌是我军文化活动的特色之一。拉歌作为这一特色的重要组成部分，是唱歌过程中的穿插形式。它通过一领众和的方式，使整个唱歌过程呈现出一派紧张激烈、热火朝天的热烈气氛。它不但能激发官兵强烈的集体荣誉感，而且能够增进兄弟单位之间的团结与友谊。

要搞好集会拉歌的组织，提高本单位拉歌的水平，可以从以下几个方面努力。

（一）拉歌的准备

1. 注意选拔和培养拉歌指挥

在拉歌中指挥是至关重要的，拉歌指挥必须头脑敏捷、口齿清晰、大方泼辣，能够随机应变，具有鼓动、感染能力。拉歌指挥是拉歌过程中的灵魂，直接关系到拉歌的成败。要想提高本单位的拉歌水平，就要特别注意在平时选拔和培养拉歌指挥。只有拉歌指挥的人选相对固定，担任拉歌指挥的同志才能在平时自觉地注意观察、学习和积累与拉歌相关的知识。

2. 要注意平时的练习和积累

拉歌是呼应的艺术，不但要有好的拉歌指挥，而且拉歌指挥与大家的呼应也是至关重要的。而所谓呼应，是通过一定的拉歌词与拉歌调来实现的。一个部队要想提高自己的拉歌水平，就需要平时不断积累，不断地增加自己的拉歌词与拉歌调，对已有的拉歌套路的呼应方式、指挥的动作含义，以及需灵活处理的位置都要尽量做到人人心中有数。这样才能具有心领神会的默契、千变万化的魅力。

（二）拉歌的方法

拉歌的形式战士们都不陌生，部队的拉歌更是来源于丰富多彩的军旅生活，具有无比丰富的内容与形式。通过探讨，可以从这些战士们熟悉的内容与形式中去发现某些规律性的东西，从而加深大家对拉歌形式规律的认识，推动大家实践、创新的自觉性。

拉歌的形式虽然多种多样，可以概括为"问、数、唱、演"四种。

1. 问

问，即指挥与战友问一问一答的拉歌形式。

——指挥：欢迎 × 连唱个歌好不好？

——众合：好！（鼓掌）

——指挥：妙不妙？

——众合：妙！

——指挥：再来一个要不要？

——众合：要！

这是一种极为常见，但是又卓有成效的拉歌词，它典型地体现了一问一答的拉歌特点，巧妙的节奏变化，简洁、紧凑而又层层递进的呼应方式，使它具有朴实而又强烈的现场效果。

2. 数

数，即指挥用数快板的方式进行转换、导向或发问的形式。

——"×连是咱的老大哥，欢迎他们唱个歌！"

——"军旅歌曲大家唱，我们唱了该谁唱？"

——"×连的歌儿唱得妙，再唱一个要不要？"

——"×连同志别客气，我们唱完轮到你！"

在生活中，常常把说快板叫作数快板，快板是合辙押韵而充满节奏的，而且在它的重要形式之一数来宝中，快板词的韵脚可以随时转换。上面的这种方式之所以叫作"数"，就是因为它具有快板，特别是数来宝的节奏与韵律特点。"数"的方式给了拉歌指挥充分的施展天地，它可以在快板有节律的框架之中充分地施展自己的聪明才智，快板有节律的音乐美使这一形式可以包容很多内容，因此它才能实现转换、导向等效果。但这里要注意的是，尽管"数"的方式具有韵律美，但是拉歌的魅力、效果都离不开呼应，所以数的部分不要过长，要时刻注重与呼应形式的穿插，从而达到情绪上的层层递进，实现一浪高过一浪的效果。同时，拉歌指挥平时也要注重多方面的积累，这样才能更好地发挥"数"这一形式的艺术效果。

3. 唱

即用一些大家熟悉的短小易唱有特点的曲调，填上拉歌词。

‖: 2 16 | 220 | 2 16 | 220 :‖

（领）某 某   连呀（合）来 一   个呀。

当选择了某一曲调作为拉歌调后，可以对歌词进行改动。一般来说，对拉歌调的处理要以"众合"部分的难易程度和演唱效果为考虑中心（因为指挥的水平总是高一些）。要尽量做到：尽可能使"合"的部分曲调鲜明，简单上口，模仿性强；尽可能使"合"的部分充满趣味性。如上例还可这样处理：

$$\underline{2\ 2}\ \underline{1\ 1}\ \underline{6} \mid 2 \quad 2 \mid \underline{5\ 2}\ \underline{2\ 1}\ \underline{6} \mid \overset{\frown}{\underline{5}} \quad \overset{\frown}{\underline{5}} \mid \underline{6\ 2}\ \underline{2\ 2}\ \underline{3\ 2\ 1} \|$$

（领）某 某 连 那 么（合）呼 　嗨（领）歌 儿 多 呀 么（合）呼 　嗨（领）欢 迎 你 们

$$\underline{6\ 6}\ \underline{6\ 1}\ \underline{2\ 2}\ \underline{2\ 2} \mid \underline{5\ 5}\ \underline{4\ 5}\ \underline{6} \mid \overset{\frown}{\underline{1}}\ \underline{1\ 6}\ \underline{5\ 6}\ \underline{5\ 3} \mid 2 \quad 2 \|$$

（合）稀 哩 哩 哩 嚓 啦 啦 啦 　嗦 罗 罗 罗 哒 　（领）唱 一 个 呀 么（合）呼 　嗨！

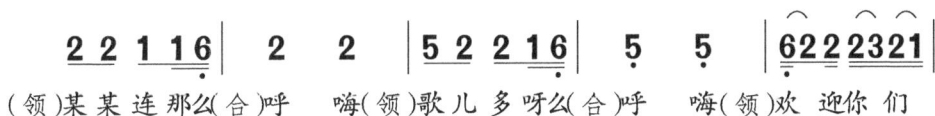

4. 演（即拉歌中的击掌）

击掌（鼓掌）作为拉歌的一种辅助手段，一般是零散地穿插于拉歌的过程中的，但是随着我军基层歌咏活动的历史发展，凝聚着广大官兵无限创造力的击掌，已经演化成为一种以鼓掌为主，集多种动作于一体，风格、套路多样的拉歌技巧。这种击掌，不仅可以极大地活跃拉歌的气氛，而且可以有效地提高官兵身体运动的协调能力和四肢活动的灵活性。同时，它展现的军人特有的阳刚气质和军人气派，以及具有的艺术性、趣味性和观赏性，还使击掌成为展示部队精神风貌的一道亮丽风景。这里介绍部分击掌方法。

（1）秧歌节奏掌

中速

$$\mathbf{X} \quad \mathbf{X} \mid 快\ 快\ 快 \mid \mathbf{X}\ \mathbf{X}\ \mathbf{0}\ \mathbf{X} \mid 快\ 快\ 快 \mid \mathbf{X}\ \mathbf{X}\ \mathbf{X} \mid 快\ 快\ 快 $$

$$\mathbf{X}\ \mathbf{X}\ \mathbf{0}\ \mathbf{X} \mid 快\ 快\ 快 \mid 快\quad 快 \mid 快\quad 快 \mid \mathbf{X}\ \mathbf{X}\ \mathbf{0}\ \mathbf{X} \mid 快\quad \mathbf{0} \|$$

（注："快"呼喊，"X"击掌，"0"休止符。）

秧歌节奏掌动作要领：

秧歌节奏掌为2/4拍。在坐姿或立姿的基础上，两小臂抬起，打开与肩同宽，小臂与大臂垂直，两手成八字掌，掌心向上。正面呼喊与击掌相交替作业一个四拍，身体向左45度呼喊与击掌相交替作业一个四拍，正面呼喊与击掌相交替作业一个四拍，身体向右45度呼喊与击掌相交替作业一个四拍，两小臂略抬起，打开与肩同宽，两手五指分开略弯曲，掌心相对上体正面左右晃动呼喊一个四拍，

然后上体不动再击掌一个四拍，最后一拍喊毕"快"后有节奏的将两手放下。

（2）快板节奏掌

稍快

X — — — ｜ 嘿 嘿 嘿 嘿 ｜ 嘿 嘿 嘿 嘿 ｜ X X X X ｜

快 快 快 嘿 ｜ X X X X ｜ 快 快 快 嘿 ‖: X X 快 快 ｜

X X 快 快 ｜ X 快 X 快 ｜ X X 快 嘿 :‖

（注：该掌在击打时可根据感觉进行渐弱或渐强处理。）

快板节奏掌动作要领：

快板节奏掌为4/4拍。在坐姿或立姿的基础上，两小臂抬起，打开与肩同宽，小臂与大臂垂直，两手成八字掌，掌心相对。第一小节为密掌，击掌时可由强渐弱再到渐强，后面的部分在呼喊时，手腕有节奏地向外甩动。击掌时不呼喊，呼喊时不击掌。击掌完毕后，有节奏的将两手放下。

（3）踢踏节奏掌

中速

⊙X⊙X⊙XX ｜ ⊙X⊙X⊙XX ｜ ⊙X⊙X⊙X⊙X ｜ ⊙X⊙X⊙XX :‖

（注："⊙"震脚，"X"击掌。）

踢踏节奏掌动作要领：

踢踏节奏掌为4/4拍。在坐姿或立姿的基础上，两脚打开约30厘米，脚跟提起约10厘米，两小臂抬起，打开与肩同宽，小臂与大臂垂直，两手成八字掌，掌心向内。在节奏中先震脚、后击掌，击掌时两手的间隔约30厘米，震脚与击掌相交替作业两个八拍，第三、第四个八拍将两臂上举，为保持身体协调，头略上扬，两手成立掌，震脚与击掌相交替作业两个八拍，击掌时两手的间隔约30厘米，四个八拍作业完毕后，有节奏的将两手放下。

（4）呼喊节奏掌

中速略快

X X X — | X X X — | X X X X |

Yeah yeah yeah　　　Go　go　go　　　Cool cool cool cool

X X X　　X X X　　| X X X X X X ‖

Be qui ck　　　Be qui ck,　　　qui ck qui ck be qui ck

呼喊节奏掌为 4/4 拍，在坐姿或立姿的基础前后摆动三次（摆动时，前不露肘后不露手）。紧接呼喊三个 Go，在呼喊的同时左小臂随着节奏上下摆动三次后放左手，同时将右小臂抬起，手握虎拳紧贴右胸前，拳眼向外上，左小臂抬起，手握虎拳紧贴腰际，拳眼向外。在呼喊三个 Yeah 的同时左小臂随着节奏。

在呼喊四个 cool 的同时，右小臂在右胸前上下摆动四次，摆动幅度约 20 厘米。接着，在放右小臂位于右大臂成直角同时，呼喊一个 Be quick，抬左小臂位于左大臂成直角的同时，再呼喊一个 Be quick，在两小臂与大臂成直角再呼喊两个 quick 和一个 Be quick 的同时，两小臂根据节奏同时进行上下摆动（摆动幅度约 20 厘米），呼喊与放手在节奏中同时结束。

总之，拉歌词、拉歌调以及拉歌中的击掌是拉歌的重要技术技巧，只要我们不断熟练掌握、灵活应用、创新发展拉歌技巧，军营的歌声必将更雄壮、更嘹亮、更加充满无穷魅力。

此外，活口是对拉歌中固定部分的俗称。下面的例子就是一个最常见的活口。

——指挥：同志们，× 连在哪呢？

——众合：在那儿呢！

——指挥：一二……

——众合：快快！（同时伴以有节奏的掌声）

——指挥：一二三……

众合：快快快！（同时伴以有节奏的掌声）

它之所以叫作活口，就是在于它可与任何拉歌的段落衔接。这一部分节奏环环紧扣、层层递进，它热烈、紧凑的特点可以瞬间把拉歌推向高潮。活口部分要特别熟练，这样才能应对自如。同时，想要提高本部队拉歌的水平，就要在活口上多下功夫，创作出独具特色、出人意料的活口。

（三）拉歌注意的问题

第一，拉歌是展现部队风貌、促进兄弟部队间友谊与情感交流的手段。因此拉歌要热情，讲团结，讲文明，要活泼健康、生动幽默。在拉歌词中切忌讽刺、挖苦、起哄、奚落的倾向。

第二，在拉歌中，如有变化要及时沟通。比如临时编的拉歌词变化较大，或者呼应的方式变化较大，就要先和本单位同志说几遍，让大家心中有数，然后再指挥拉唱。

第三，要注重礼节礼貌，拉歌前最好自己先唱一首歌，然后再拉。这样不仅有拉有唱，而且可以全面地展现本单位的歌咏水平和素质风貌。那种只拉不唱的做法，不仅不利于开展歌咏活动，还会影响相互的团结。

第四，在拉歌中，取得主动权的关键，是自己多学会一些歌。如果平时歌唱得多，唱得好，就为拉歌打下了良好的基础，否则就会趋于被动。同时要注意学习兄弟单位的长处，不断提高拉歌赛歌的水平。

（四）常见的拉歌词和拉歌调

1.拉歌词

（1）挑战时用：

——齐数板：× 连是咱老大哥，欢迎他们唱个歌！

——齐数板：进了歌场要唱歌，× 连同志不要拖！

——齐数板：叫你唱，你就唱，扭扭捏捏不像样！

——领；时间，

——众：宝贵！

——领：要唱，

——众：干脆！

——领：杜绝！

——众：浪费！

——领：不唱，

——众：撤退——！

（2）应战时用：

——领：× 连主动来进攻，我们不唱行不行？

——众：不行！

——领：好！我们唱……。

——领：跟着某连把歌唱，

——众：唱得不好请原谅！

——领：我们唱……。

——领：革命歌曲大家唱，他们唱了我们唱。一二！

——众：来了！

——领：好！那我们来唱……

（3）唱后反击时用：

——齐数板：我们唱了一身汗，某连不要坐着看。

——领：我们唱了该谁唱？

——众：× 连！

——领：在哪儿？

——众：在那儿！（大家一齐用手指向 × 连所在地方）

——领：欢迎 × 连来一个（大家有节奏地鼓掌）。

——齐板数：一二三四五，我们等得好辛苦！一二三四五六七，我们等

得好着急！

（4）请对方唱新歌时用：

——领：× 连歌儿唱得好，

——众：可惜歌子有点老。

——领：新的歌曲多又多，

——众：欢迎 × 连唱新歌！

——领：× 连唱得有水平。

——众：唱个新歌更欢迎！

（5）要求对方继续唱时用：

——领：× 连唱歌很积极，

——众：我们听得入了迷。

——领：欢迎 × 连继续唱，

——众：我们虚心来学习！

——领：× 连唱得妙不妙？

——众：妙！

——领：再来一个要不要？

——众：要！

（6）给对方加油时用：

——领：× 连加油！一二一！

——众：加油！加油！

——领：× 连歌儿唱得妙。

——众：优美动听声太小。

——领：声音太小！

——众：听不到！

——领：重唱一个要不要？

——众：要！（鼓掌欢迎）

2.拉歌调词（曲略）

（1）《刘三姐》调

——领：嘿——，×连是咱老大哥哎！

——众：嘿，老大哥！

——领：欢迎你们唱支歌来！

——众：嘿！唱支歌！

——领：你们的歌儿唱得好呀！

——众：唱出你们高水平来！

（2）《小螺号》调

—— ×连的歌声美，美妙歌声满天飞；×连的歌声脆，动人歌声叫人醉；领：×连的歌声美，声声美如水啰；×连的歌声脆，绿色军营来相会；美妙歌声动人心，欢迎你们来一个哎！

（3）《对面的女孩看过来》调

——对面的战友唱起来，唱起来，唱起来！这边的我们在等待，请不要对我不理不睬！

（4）《中国功夫》调

——唱：政治能合格，嘿！军事过得硬，哈！拉歌也是有特色，今天拿第一！齐数板：横扫一大片，枪挑一条线，大家齐心士气高，歌声冲云霄！

（5）《纤夫的爱》调

——唱：×连老大哥，请你们唱支歌；你们的歌儿，唱得好又多。×连是老歌星，欢迎你们唱支歌；战友的情，战友的爱，在歌声里荡悠悠，荡悠悠。齐数板：革命歌曲新又多，你们不要往下拖；你们唱完咱就唱，让我们唱个够！

（6）《一无所有》调

——我曾经等了很久，你为何不开口，我们唱过该你唱，别让我们失望，噢……快快唱一首，噢噢……你快快唱一首。

（7）《京剧苏三起解》调

——唱：× 连战士志气高，歌声阵阵冲云霄。

——问：欢迎 × 连来一个，大家鼓掌好不好？

拉歌词、拉歌调是拉歌赛中的重要因素，把握了拉歌的这些规律特点，在实践中再加以创造性地运用，才能创造出多姿多彩的拉歌形式，使歌咏活动更加热烈沸腾。

四、歌咏比赛的组织方法与技巧

歌咏比赛是在较大范围和规模中举办的具有集体性、竞争性、表演性的群众性歌咏活动。随着我军群众性歌咏活动的深入开展，歌咏比赛已被越来越多的部队作为文化工作的重要内容或固定内容明确下来。如选择在"五四""七一""八一""国庆"等重大节日进行主题歌咏比赛等。通过歌咏比赛的推动，部队的歌咏活动不仅唱响在军营，而且还以其振奋人心的歌声，严整威武的军容，在社会上产生广泛影响，成为展现部队精神风貌的窗口和推动全社会精神文明建设的重要方式。

由于歌咏比赛是在较大范围内举办的活动，因此要想搞好歌咏比赛，达到预期的目的，就需要上下级各单位的努力和配合。

（一）参赛单位的组织方法与技巧

歌咏比赛的艺术性、竞争性，对歌咏比赛的组织工作提出了较高的要求。要使本单位在比赛中取得好成绩，组织者不仅要做大量的工作，而且还需要掌握一定的方法技巧。组织参加比赛应从歌曲的选择、歌曲的改编、歌曲的教唱、合唱队的指挥、合唱队形的编排、朗诵的技巧、动作的设计、灯光舞美的设计、舞台经验等方面逐个做好参赛前的准备工作。

1. 选歌

选歌是歌咏比赛组织工作中的重要一环，也可以说具有决策意义。歌曲选得好坏，是直接影响歌咏活动成功与否的重要因素之一。要选好歌曲，可以从这样几个方面来考虑。

（1）围绕主题

我军各部队的歌咏比赛，一般都是配合具有重大纪念意义的日子或重大节日而举行的。这种比赛选歌必须紧紧围绕主题，在围绕主题的前提下再尽可能拓宽歌曲的风格、体裁选择范围。

比如庆祝新中国成立五十周年歌咏大会的主题是"战士与祖国"，因此它的选歌紧紧围绕军队的形象内涵及对祖国的祝福与歌颂。而纪念"五四"八十周年歌咏大会的主题是"青春万岁"，因此其选歌都是围绕着青年运动发展的历史与青年的精神风貌来选的，从最早的《五四纪念爱国歌》到今天的《同桌的你》，以及《祖国，给我理想》。

（2）注重对比

选歌的第二个原则是要注重对比。一般情况下，歌咏比赛大都要求每个参赛单位唱两首歌。这时对比就显得非常重要了，鲜明的对比可以充分展示演唱单位的水平，可以使演唱充满新鲜感，可以最大限度地调动现场情绪和效果。因此在选歌时，要尽量使两首歌在多方面形成对比。

比如已经选择了一首铿锵有力的队列歌曲，那么另一首就要尽可能选择流畅优美的抒情歌曲；一首歌以齐唱、轮唱形式为主，另一首歌就可以考虑以领唱、合唱形式为主；一首是风格硬朗的大调式，另一首就可以考虑色彩绚丽的民族调式；一首歌规模比较大，另一首就尽可能短小精悍些，等等。拿《军人道德组歌》来说，《听党指挥歌》与《官兵友爱歌》就在调式上形成了鲜明的对比，一个是有力的大调式，一个是柔美抒情的小调式；而《严守纪律歌》又与《艰苦奋斗歌》在演唱形式上形成了鲜明的对比，一个是整齐划一的齐唱歌曲，一个是形式活泼的领唱、齐唱歌曲。如果比赛要求唱一首歌，就要选择那种自身对比幅度比较大的歌曲，或者通过发展可以具有较大对比幅度的歌曲。对比是一种衬托，它可以使演唱充满新鲜感，从而避免单位与单位之间、自身的两首歌之间可能形成的重复与单调，从而为演唱的成功打下良好的基础。

（3）兼顾自身

选歌的第三个原则是要兼顾自身。也就是在选择歌曲时要从本单位官兵的实际水平出发，不能脱离自身的实际能力去选那些力不从心的歌曲。再好的歌曲，如果体现不出来，也达不到预期的效果。以歌颂祖国的歌曲为例，《祖国颂》专业性就比较强，一般的基层部队就很难演唱，而《中国，中国，鲜红的太阳永不落》一般的基层部队就可以唱得很好。

2. 歌曲的改编

歌咏比赛的一个很重要的特点就是演唱中的变化，经过变化的歌曲既可以给人以新意，增强歌曲的艺术表现力，而且还可以更充分地展现本单位的演唱水平。在歌咏比赛时，一般在选定歌曲以后，都要对歌曲再做进一步的艺术改编。

改编歌曲是对歌曲的一种再创造，它需要一定的艺术经验，也需要一定的音乐素养。对一般的部队干部来讲，有一定的困难，但这种困难并不是不可逾越的，现从部队基层的实际出发，介绍几种简单实用的改编方法。

（1）单声部的改编方法

一般人都认为，歌咏比赛歌要唱得越复杂、声部越多越好，好像声部不多不复杂就不叫合唱。其实，单声部本身就可以有很强的表现力，而且单声部基层官兵掌握起来比较自如，设计的效果可以很充分地表现出来。关于单声部的改编方法主要有两类：扩展法和紧缩法。

扩展法和紧缩法是单声部旋律发展的常见手法，具有高深的专业创造技巧的人经常运用它，而一般的音乐爱好者也可以很好地运用它，因为它既需要技巧，更需要想象，而想象能力并不是作曲家的专利。

第一，扩展法。是运用改变音的长度、高度等手段，将原来的旋律加以扩展的方法。扩展，顾名思义就是放大，多用于速度较快，音符的时值较短的旋律中。扩展法可分为简单扩展与变化扩展两种。

简单扩展：将原来旋律的时值按相同比例拉开、放宽。它有些像放慢速度演唱。比如歌曲《解放区的天》：

$$\frac{2}{4}\ \dot3\dot3\dot3\dot2\ \dot3.\quad \dot2\ |\ \cdots\cdots$$

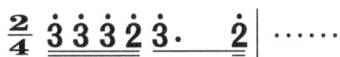

解放区的天　　是

《解放区的天》原谱由十六分音符组成，节奏比较密集，因而比较适合扩展。

《解放区的天》扩展后：

$$\frac{4}{4}\ \dot3\quad \dot3\quad \dot3\quad \dot2\ |\ \dot3\ -\ -\ \dot2\ |\ \cdots\cdots$$

解　放　区　的　天　　　　是

旋律被等距离地拉宽之后，音乐的感情、形象由原来的欢快热烈发展为激情豪放。简单扩展的方法非常简单实用，具有舒展开阔的艺术效果。

变化扩展：根据音乐情绪意境的需要，在扩展酌同时对旋律进行一定程度的变化处理。这种变化的可能性就是多种多样的了，有时可以改变得较大，有时可以变化得较小。还以上谱为例，在简单扩展的同时加入转调处理，使音乐在高度上有所变化，就变成变化扩展了。它带来的高度和时值上的变化，营造出一种崭新的、恢宏壮阔的艺术效果，把整个演唱推向了高潮。

《解放区的天》扩展后：

$$\frac{4}{4}\ 6\quad 6\quad 6\quad 5\ |\ 6\ -\ -\ 5\ |\ \cdots\cdots$$

解　放　区　的　天　　　　是

再如下例《没有共产党就没有新中国》扩展后：

$$\frac{2}{2}\ \dot1\ -\ 5\ -\ |\ 6\ 6\ 5\ 6\ |\ \dot1\ \dot1\ 6\ \dot1\ |\ \dot2\ -\ -\ -\ |\ \cdots\cdots$$

没　　有　　共产党就　没有新中国

$$\dot1\ -\ 5\ -\ |\ 6\ 6\ 5\ 6\ |\ \dot1\ \dot1\ \dot1\ \dot1\ |\ \dot3\ -\ -\ -\ |\ \dot3\cdots\cdots$$

没　　有　　共产党就　没有新中国

在这首歌的结尾，为了营造一种热烈、高涨的气氛，在采用了简单扩展

法又将旋律拉开的基础上，同时加入了转调和旋律的变化，使情绪进一步得到推进和发展。变化扩展有时还可以想象的更大胆一些。

第二，紧缩法。是运用改变音的长度、高度等手段，将原来的旋律加以紧缩的方法。紧缩法多用于速度较慢、音符的时值较长的旋律中。紧缩法也分为简单紧缩与变化紧缩两种。

简单紧缩：将原来旋律的时值按相同比例缩短。比如歌曲《心连心，跟党走》中间的片断：

原谱 ‖: 6 6 5 | 3 3 5 :‖ ……
　　　　嘿哟吼　　嘿哟吼

紧缩 ‖: 6 6 5. | 3 3 5. :‖ ……
　　　　嘿哟吼　　嘿哟吼

在这个例子的原谱中，虽然"6""3"两个音是八分音符，但都是同音的重复，等于都是一个四分音符的长度。在紧缩中，就把它们等时值地缩短，这样的紧缩就叫作简单紧缩。如果说在紧缩前,这段旋律的效果是沉稳有力的话，那么在紧缩后，效果就变成紧张有力的了。

变化紧缩：在将旋律紧缩的同时又将旋律中的节奏、音高等加以变化的方法。还以歌曲《心连心，跟党走》的片断为例：

原谱 ‖: 6 6 5 | 3 3 5 :‖ ……
　　　　嘿哟吼　　嘿哟吼

紧缩 6 6 3 5 | 6 6 3 5 | 2 1 6 1 | 2 1 6 1 | ……
　　嘿哟嘿 哟　嘿哟嘿 哟　嘿 哟 嘿 哟　嘿 哟 嘿 哟

在上面例子中在将音符紧缩的同时，将音符的高度降低了8度，就变成了变化紧缩。无论是变化紧缩还是变化扩展都是很自由的，因此也是非常实用的。

对于没有多少音乐基础的同志，要想改编好歌曲，第一要富于想象力，第二要对歌曲熟悉，在熟悉的基础上进行的发展变化，就会很自然地与歌曲原有的风格一致和统一起来了。

（2）二声部的改编方法

一说到唱合唱，人们便会很自然地想到声部、想到和声，二声部是最常见的群众歌咏形式。但是，如果我们选唱的歌曲是独唱或齐唱的歌曲，没有现成的二声部曲谱，就要编写二声部了。二声部改编方法一般有三种。

第一，模仿式二声部。就是第二个声部与第一个声部相隔一定的距离，进行连续的模仿。这也就是平时所说的"轮唱"。轮唱的方法虽然简单，但却有其独特的艺术表现力。它特有的此起彼伏、热烈高亢的艺术效果，是推动音乐向前发展的重要手段。轮唱的两个声部之间，最常见的是相隔两拍。但有时为了特殊的艺术效果，两声部间的距离可能会缩短或拉长。比如《解放区的天》，为了表现热烈的气氛，两声部之间隔一拍轮唱，效果也很好。

第二，对比式二声部。对比式二声部是根据原来旋律的音调特点，写出一个新的旋律。新旋律要特别注重与原来的旋律在节奏上和旋律线条上形成对比。即你停我动、你动我停，你高我低、你低我高，以形成一个此起彼伏的效果。这种手法的运用要特别选择在那些旋律的长音处进入。

第三，和声式二声部。在音乐上，两个声部同时发声，叫作和声。这种处理方法，要求编配者必须具有相当的音乐知识，要懂得和弦的纵向构成，也就是哪个音和哪个音可以上下组合；还要懂得和弦的横向连接，也就是组成和弦的音如何同下一个和弦连接。这种和声式的编配方法，对群众性的业余歌咏活动来说，无论对改编者，还是对演唱者，难度都很大。但这不等于说不能用和声式的方法，只是在基层群众性的歌咏活动中，要想成功地运用和声性效果是有条件的。那就是：第一，要多在一些速度较慢、唱起来比较从容的长音上使用，因为这时的演唱者可以有一定的精力来顾及音准，比如很多歌曲的结尾处；第二，和声的片段尽量不要长，要以演唱者能胜任为准。

（3）总体布局的原则

任何艺术都讲究布局。美术中的构图、舞蹈中的队形，电影小说中的情节结构都是布局。布局设计的好，作品的发展才有层次，才吸引人。要改编好一首歌曲，同样离不开总体布局。在好的总体布局的组织下，各种技巧才能用得恰当、准确，才能紧密地结合成一个艺术整体，从而最大限度地发挥它们的艺术感染力。

像每一首歌曲都有自己的特征一样，每一首歌曲编配时的总体布局也是千变万化的，不可能有一个共同的万能模式。但无论其怎样变化万端，一些共同的原则却是万变不离其宗的。改编歌曲一般要遵守以下两个原则。

第一，由简到繁的原则。

在改编一首歌曲的时候，我们总会有很多发展的想法，这就需要进行总体布局。一般来说，在歌曲一开始的时候，不要搞得太复杂，因为观众在演唱刚开始的时候需要一个进入情况和了解歌曲的过程。这时的手法要尽可能的简单、简练。原原本本地齐唱就是一种最为简单朴素、卓有成效的手法。

轮唱是一种对曲调变化不大的发展方法，它既能起到对旋律的重复巩固作用，又能起到对情绪的推动作用。所以许多歌曲在原样呈示之后，便以轮唱的方法开始发展。而扩展法和紧缩法则使旋律原有的音乐形象产生了较大的改变，因而被看作是一种推动力更强的音乐发展手法，较多地被用在向高潮发展的过程中或高潮处。在实践中，对每一种方法的艺术表现力都要不断地积累自己的经验，这样才能恰当、自如地使用它们。

第二，注重对比的原则。对比是艺术创作的共同原则，在生活与艺术中到处可见对比的作用，在音乐中也处处离不开对比，只是它的对比是用音乐的特性体现出来的。比如：快和慢的对比、强和弱的对比、高和低的对比、齐唱和轮唱的对比、领与和的对比、男和女的对比……

在实际改编中，可以根据歌曲旋律特征和情绪发展的需要，运用一种或多种对比。这样，才能使音乐不断发展，充满动力，使人们在欣赏的过程中充满新鲜感。以《心连心，跟党走》为例：

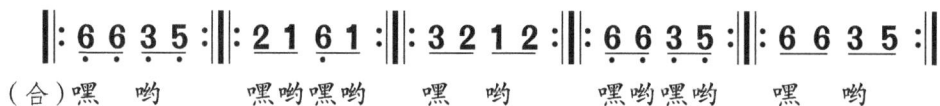

‖: 6̣ 6̣ 3 5 :‖‖: 2 1 6̣ 1 :‖‖: 3 2 1 2 :‖‖: 6̣ 6̣ 3 5 :‖: 6̣ 6̣ 3 5 :‖
（合）嘿 哟　　嘿哟嘿哟　嘿 哟　　嘿哟嘿哟　嘿 哟

‖: 6̣ 5. · | 5 － |
嘿 哟

中速稍慢

5 2 5 － | 6 5 3 5 2 － | 5 3 2 ……
（女领）大　　江　　向 东 流　　　一　去

0 0 0 0 | 0 0 0 1 6̣ 1 | 2 － ……
　　　　　　　　　　　　（合）向 东　　流

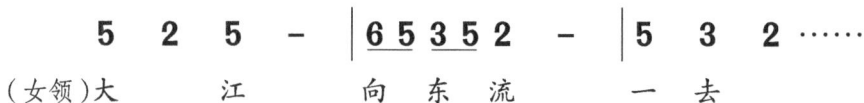

　　这个音乐片断，包含了快和慢的对比，强和弱的对比，高和低的对比，齐唱和轮唱的对比，领唱与合唱的对比，以及紧张与松弛的对比。对比作为一个基本原则，可以变幻出无穷无尽的艺术形态，产生强烈的艺术感染力。而缺少对比的歌曲处理，则会让人很快感到乏味。其实，无论人们是否意识到，在进行歌曲处理时都会或多或少地运用对比，只不过由于对它缺少理性认识，用得不够自觉和主动。所以，善于运用对比，是处理好歌曲的一个非常重要的技巧。

　　（4）其他需要注意的问题

　　以上的方法，都是群众性歌咏活动中较为适用和常见的方法。它们虽然都比较简单，但用得好，却可以开启广阔的艺术空间，取得丰富的艺术效果。在运用这些方法的过程中，有两个问题需要注意：一是要从总体艺术效果的需要出发，从某种方法特有的艺术表现力出发去选择一定的发展方法，而不是为方法而方法；二是在改编二声部合唱时，一定要通过乐器或人声来检验和修改乐谱，做到心中有数。

3. 合唱队形的编排

合唱歌曲不是每个人都从头到尾一直唱下来的，当中穿插有合声、轮唱、领唱等形式。为了在排练和演出时有利于声部间的配合，便于指挥、合唱、领唱三者间的合作，合唱队形要合理编排，通常是略成弧形。当然，它不是一成不变的，也可排成"一"字形，其他队形也可以，只要把握一条原则，就是达成指挥与合唱队的合作。

基本的合唱队形确定后，就要思考如何来编排了，编排队形时主要从这几条考虑：①首先考虑的是个头，合唱队要整齐、和谐，给人一种美感。通常是中间高，两侧低，由低到高为大个到小个的顺序，也可根据台子的高低来确定前后排的个头。②一声部在左，二声部也就是和声在右，这样便于指挥。③把一些唱得比较好的最好放在中间的位置上，这样便于带动大家，也是合唱队的支柱，中间也是麦克风的位置。④领唱和朗诵通常在第一排左侧突出的位置，也可在队形中间。

4. 朗诵的技巧

朗诵是合唱中最常见的一种表现形式，朗诵的形式是灵活多样的，从不同的角度可以分出多种形式。

（1）歌咏朗诵的技巧

拿到一首新歌后，应该首先分析一下歌曲的题材内容，也就是定下一个基调；其次，要从头到尾看一遍歌词，分析出哪是高潮，也就是定下朗诵的速度。朗诵词要结合歌曲的旋律、节奏和感情色彩来编写。

歌咏朗诵进入时要快，不要犹豫，如在歌曲开头有朗诵时，前奏一结束就要开始深呼气，音乐一进入，就要马上朗诵起来。在朗诵过程中要掌握换气的时机，一般情况下，在一个乐句之后，一个腔节之后或休止、停顿之处，都是可以换气的地方，长音之后也要换气。朗诵时也要掌握强弱的节拍：强（高音）、弱（低音）、次强（拖高音）、弱（低音）。

（2）歌咏朗诵应注意的问题

第一，咬字和吐字要清楚、标准。朗诵和唱歌一样，一定要把字头的声母咬准，并把韵母按照正确的口形吐准，收清字尾。避免含糊不清、听不清和错收音。

第二，朗诵者与观众之间要有感情交流。眼睛是心灵的窗户，观众常常通过演员的眼神来了解他的内心世界。朗诵者站在台上两眼要平视、自然地望着全场观众，千万不要俯视地面域仰面朝天，更不要装腔作势、端架子，那样会引起观众的反感。好的朗诵者总以和观众平等的、开诚布公谈心式的态度来朗诵，才使人感到亲切和真诚。

第三，朗诵时如果感觉运用动作、手势很自然得体，那么就用。如果没有必要，就不要用，以免给人一种做作的感觉。

5. 动作的设计

随着部队歌咏活动水平的不断发展，动作也越来越为人们所重视。动作设计作为歌咏活动中重要的表现手段，在歌咏活动总体效果中具有重要作用。动作设计得好，可以使艺术的感染力更加立体化，可以使人耳目为之一新、精神为之一振。掌握有关动作设计的知识，是提高歌咏活动水平的重要方面。

（1）动作的种类

第一，源于军事动作发展而来的表演动作，如持枪、敬礼、整帽等。持枪、敬礼、整帽这些军事动作被用于歌唱表演中之后，特别能够表现军人严整、威武、满洒的气派与风采，既有总体的可视性，又有个体的可视性，而且战士们做起来也比较得心应手。

第二，用于图形变换的动作，如编字、构图等。一般来说，这种动作手法简练而具有震撼力，注重瞬间的总体效果。

第三，借助其他道具表演的动作，如彩绸、旗子、花束等。一般来说，这类道具的选择既要根据歌曲表现内容的需要，又要兼顾塑造形象的需要。这类动作的特点一般根据所用道具的特性来设计。

（2）设计的原则

动作的设计要根据歌曲表现内容的需要，由于艺术的表现内容是一个广阔的世界，因而动作的创意也是多姿多彩、千变万化的。这里提出的原则是

从千变万化的艺术创作中提取的一些基本规律，可以作为我们创意实践中的参考。

第一，少而精的原则。歌咏活动以歌为主，动作要追求少而精，就是动作要少，效果要好。如果从头到尾都是动作，人的注意力就会被大大地分散，必然会容易影响歌唱。所以只有坚持了动作的少而精，歌唱才能得到突出，同时动作也才能起到画龙点睛的作用。

第二，重节奏的原则。歌咏活动是一种集体项目，动作的整齐划一是十分重要的。因此考虑动作的准确性、整齐性是设计动作、追求表演效果的关键。而想要动作整齐划一，就要把动作与歌曲的节奏韵律统一起来，特别是那些重要的动作、构图，更要注重与歌曲高潮处那些鲜明的节奏韵律相统一。重节奏的原则是动作设计中的一个重要原则。

第三，巧进入的原则。在演唱的过程中，人们的注意力应主要放在歌唱上，特别是在歌咏比赛中，演唱者的精神高度集中与紧张，在歌曲的处理比较复杂时更是如此。在设计动作时，要注意使动作尽可能地与紧张复杂的演唱段落错开。同时，动作的进入要自然巧妙，既在意料之外，又在情理之中，这样才能取得出人意料的艺术效果。

在实际的编配中，设计动作的几个原则往往都是结合在一起的，你中有我，我中有你。如少而精的原则离不开对节奏的把握，而对特定节奏的把握又是与巧妙的进入紧紧联系在一起的。

6. 灯光、舞美的设计

一场好的大合唱演出，灯光及舞美是必不可少的，各单位可根据自身条件或通过和组办单位的沟通，适当搞一些灯光、舞美，烘托一下气氛。灯光、舞美的设计应注意以下几个方面：

（1）变换自然、流畅，表现主题

灯光的变换不要过于频繁，否则会显得乱，无章法，要变换得自然流畅。一般的歌曲可变换一到两次，也可不变换，这要根据歌曲表达的主题而定。比如《当兵的人》这首歌曲，开始时可以这么设计：先是漆黑的夜，起床号响，伴随着"起床""集合"的口令，灯光渐亮，音乐起，合唱队前一列半面向左转，合着音乐，当兵的人迈着整齐的步伐出操了。这样的设计，很有吸引力，灯光也很简单。还比如《过雪山草地》这首歌，天上飘着雪花，红军将士步履艰难翻越雪山，这时灯光稍变暗，或明暗闪烁几下，表现自然环境的艰苦，扬下一些纸屑充当雪花，更逼真，一下就把观众带到了歌曲的时代背景中。如果两首歌曲的舞美需要变换，要做到切光后，能很快地换掉。

（2）克服俗套，设计要有新意

人们常用的东西，尽量少用，用了之后不吸引人，反而引起一种反感，这样的舞美设计就是失败的，还不如不加。要结合歌曲的特点，有创意地设计舞美，大胆地想象。

（3）简洁、明了，便于观众接受

大合唱的舞台灯光不必弄得很复杂，彩灯和霓虹就不要用了，它不适合于大合唱舞台，但舞美中可加入彩灯，比如，红星闪闪，八一军徽放射光芒等。舞美设计也要同灯光一样简洁，一个布景就能表现主题，前景尽量少用，背景多用，不要把合唱队的主体抢占了，那样就喧宾夺主了。例如，有的合唱队员每人手里拿着一个花环，来回摇动，整个舞台都是花环，这就是典型的负面案例。

7. 舞台经验

对于第一次登上舞台的人来说，舞台经验很关键。面对台下上千双眼睛的注视，很多人早已不知自己在干什么了，只是很机械地随着别人，以前所学如果是倒背如流，这时恐怕也是有上句没下句了。那么，如何克服这一点呢？

一要镇定。指挥是合唱队的核心，一定要振作、自如，向观众敬完礼后转过来，面向合唱队，首先环顾一下合唱队，面带微笑，尽量显得轻松，意在吸引大家的注意力。

二要敢唱。如果礼堂较大并且扩音效果不是很好的话，唱歌听不到自己的声音，所以造成不敢唱，声音缺少了力量，就没有了穿透力。

三要有表演欲望，善于临场发挥。当合唱队员站在舞台上时，面对观众，

想到的就是你是为大家表演，要把感情投入进去，带着观众步入歌曲的意境之中。

四要灵活。出现小失误时，要镇定、从容、果断处理，将失误控制在最小程度，不影响整体效果。

（二）组赛单位的组织方法与技巧

部队在开展群众性歌咏活动的基础上，定期或不定期地进行各单位之间的歌咏比赛，是检验基层连队歌咏活动情况，推动群众歌咏深入开展，促进歌咏水平不断提高的重要手段。作为组赛单位，要组织好歌咏比赛，使之达到预期的目的，应该做好如下几项工作：

1. 歌咏比赛前的准备工作

（1）明确主题、选定歌曲

歌咏比赛一般以基层单位为团体进行。组织每一次比赛，都应确定一个主题。例如"人民军队忠于党""人民军队爱祖国""士兵进行曲"等，使比赛围绕着主题进行。根据主题要求，选定比赛的歌曲或规定曲目的范围。比赛歌曲一般不超过2首，可分为必唱歌曲和自选歌曲。比赛主题的确定及歌曲的选择，应考虑与部队的中心工作任务相配合，也可以演唱全军或各大单位推荐的优秀歌曲。同时，还要考虑官兵的音乐水平及兴趣爱好。

（2）确定时间、下发通知

部队歌咏比赛通常利用节假日或教育训练间隙等时机进行。组织者应在正式比赛前，通过召开会议或下发通知的方式，将比赛的主题、演唱形式、歌曲范围以及比赛的时间、地点、评分标准、评分形式、设奖等级和名额等告诉参赛单位，并提出具体要求，以便让参赛单位做好充分准备。

（3）组建班子、分工负责

为了保障比赛顺利、公正地进行，必须组建好班子，将人员明确分工。

要聘请评委，组成评比小组。评委人选原则上要求具有一定的音乐水平，同时也要兼顾群众性。可以由单位领导和"行家"组成，或是由主办的负责人和各参赛单位比较懂行的人员组成。其任务是制定评比内容，掌握评分标准，公正地进行评判。要安排好主持人，负责开场白，报参赛单位曲目、得分，宣布获奖单位名单，宣告比赛结束等。要选定舞台监督，负责催场和协调。还要安排好灯光音响操作人员，负责灯光和音响效果的掌握。

（4）选定地点、布置赛场

比赛场地以能容纳参赛、观赛单位为宜，分室内（如大礼堂等）、室外两种。场地布置要与比赛主题相一致，一般要悬挂会标，安装灯光、音响设备，摆放合唱台和评委席等。如无条件，也可不装灯光、音响，不设演唱区，参赛单位原地起立演唱。

（5）定好标准、排列顺序

把握好评比标准和评比内容，是保证公平竞争，使比赛顺利进行的重要环节。评比内容和标准可视各部队具体情况，自行规定。其大体标准包括：歌曲内容健康；情绪饱满振奋；唱音准确响亮；节奏把握适度；咬字清楚；艺术处理恰当。演唱顺序的先后，一般采用抽签的办法来确定较为合理。

（6）呈送请柬、赛前预演

请柬要呈送给将为获奖单位发奖的有关首长。请柬上应写明比赛的具体时间、地点，请首长光临并为获得何等奖的单位发奖等。为了使各参赛单位及时发现正式比赛过程中可能会出现的问题，及时纠正并做出对策，赛出好成绩，在正式比赛前应安排一至二次预演以保证比赛的顺利进行。预演要按照正式比赛的程序进行，参赛单位要按抽签顺序同主持人、舞台操作人员等一起合练，预演后要进行讲评。为了更好地掌握评分标准，预演时可把评委也请到现场。

2.歌咏比赛的评分方法

评比是现场组织工作的主要环节之一。评比方法是否合理、评委掌握尺度是否准确，比赛名次是否令人信服，往往事关比赛的成败。歌咏比赛评比的形式主要有两种：一是现场亮分（评委去掉一个最高分，去掉一个最低分，然后取平均分）；二是赛后讨论，投票评比。评分最好采用10分制，并保留

小数点后二至三位数，评委人数通常为单数。

（1）歌咏比赛10分制评分标准示例：

赛场组织：共2分，其中进退场秩序1分，现场纪律1分。

演唱水平：共8分，其中词曲准确、感染力强3分，人人开口精神饱满2分，形式多样、不拘一格2分，指挥准确、自然大方1分。

（2）歌咏比赛100分制评分表见表2-7-7。

表2-7-7　歌咏比赛评分表

项目 评分 单位					
艺术分占80%	指挥20%				
	感情、节奏20%				
	音色、音准20%				
	演唱、形式20%				
	咬字、吐字10%				
纪律仪态分占20%					
累计（满分）100分					

3.歌咏比赛后的工作

所有参赛单位演唱完毕后，由计分评委按分数高低排出名次，交给主持人。由主持人宣布评比结果，并请获奖单位派代表上台领奖。领奖人站好后，主持人请首长上台颁奖。基层组织歌咏比赛一般以精神奖励为主，有条件的也可辅以物质奖励。

奖励名额应根据参赛单位的多少在赛前予以明确，原则上参赛单位都可以获奖，只是奖的等级不一样。这样既鼓励了参赛单位，又能调动部队的积极性。比如可设一、二、三等奖，特别奖、优秀奖、创新奖、精神文明奖等。

组织者还应结合参赛单位水平的发挥、比赛的纪律作风等情况，进行赛后讲评。必要时，可组织开展基层歌咏活动的经验交流，以促进部队歌咏活动的普及与开展，推动歌咏演唱水平的提高。

第三节　基层晚会活动的组织方法与技巧

"重大节日有晚会"是《军队基层建设纲要》对开展基层文化工作的一项具体要求，也是丰富和活跃基层文化活动的一项重要内容。组织各种类型的晚会，对有效地配合经常性思想政治工作，活跃连队文化生活，排遣官兵思想之忧，增强官兵团结，密切官兵关系，加强军民、军政共建社会主义精神文明都具有重要的意义。因此，掌握基层晚会活动的组织方法与技巧，是基层干部应具备的文化工作基本功。

一、基层晚会活动的分类

晚会是集多种文化娱乐形式为一体，有主题、有组织的寓教于乐、寓教于美的一种群众性的文化集会活动。军队基层晚会活动，有的适于重大节日，有的适于官兵同乐、军民联欢，有的则属于配合军事训练或政治教育进行的文化宣传工作。主要包括文艺晚会、营火晚会、朗诵晚会、赏月晚会等组织形式。

（一）文艺晚会

文艺晚会是部队基层在重大节假日经常开展的一项集娱乐性、趣味性、观赏性和教育性于一体的文化活动，是部队晚会中最主要的组织形式之一。通过组织文艺晚会，使广大官兵得到艺术的享受、文明的熏陶、思想的启迪和情操的陶冶。文艺晚会的组织过程比较复杂，各项具体工作都很细致严密，观众对文艺演出的水平要求一般都很高，所以在组织晚会和选择节目时，要注意健康向上的思想内容，丰富生动的艺术形式，轻松愉快的艺术氛围和引人入胜的现场效果。文艺晚会大致可分为两种类型：

一是专题晚会。所谓专题晚会，就是为配合某一中心任务而专门编排的文艺晚会。这种晚会整场节目虽形式多样，但都围绕着晚会的思想主题而设计和编排，具有鲜明的思想情感的指向性。如以抗震救灾为主题的抗震救灾

表彰晚会；为配合开训动员，以争先创优为主题的"铸造辉煌"专题文艺晚会；为纪念"八一"建军节，以反映我军成长、发展、壮大，歌颂当代军人风采为主题的"军旗颂"和"我们的队伍向太阳"专题文艺晚会；以振兴中华为主题的歌舞晚会等等。这类晚会通常思想性、政治性较强，编选的节目内容应慎重审定，即要注重节目的政治思想性，又要注重艺术性，演出应严肃认真，使政治内容与艺术形式、表演技能完美结合，力图使观众受到更好的启发教育。

二是综合晚会。所谓综合晚会，也可以说是娱乐性晚会。它包括各种文艺表演形式和反映不同内容的文娱活动。其特点是形式不拘一格，内容巧妙穿插，以追求轻松、活泼的健康乐趣为基调。如夏天的"消夏纳凉晚会"。元旦前夕的"贺新春"联欢晚会，欢庆春节的"春节联欢晚会"，增进军民团结、官兵友谊的"鱼水情深"和"战友之歌"联欢晚会，等等。这类晚会主题比较广泛，可以是一个主题，也可以是几个主题。要求节目符合晚会的总体气氛，形式多样，在晚会进行过程中还可以加入游艺活动，并邀请现场观众直接参与等。

（二）营火晚会

营火晚会也叫篝火晚会。它特别适宜于野营训练和驻守在偏远地区用电不方便的部队，以及野外作业、在海岛荒漠执行临时任务的工作人员，是深受青年官兵喜欢的一种娱乐活动。营火晚会一般不受季节、人员的限制，一年四季，无论春夏秋冬，少则几个、几十人，多则几百人、几千人都可以举行。一个生动活泼、意义深刻、形式新颖的营火晚会，往往会使人终生难忘。就火源来讲，营火可以分为真营火和假营火两种，通常以真营火为多。

真营火主要是用秸草、木材、液体燃料和固体化学燃料等做营火的燃料。用秸草、树枝、木材等点营火时，营火堆要通风透气，支架要虚一点，这样易于燃烧。在点火之前，也可以浇上一些废煤油来助燃。营火点燃后，千万不要再加液体燃料，以免发生危险。使用固体化学燃料点营火时，为了安全，最好做成1~2米高的铁制火炬营火架子，架子的底部要沉重、稳定，架子的顶部做成盆形，这样，营火点燃就成了一个巨大的火炬。

假营火就是不用燃料、不着火焰的营火。一般是用铁丝、木板或硬纸板、红绸、灯泡、电风扇或鼓风机扎制成人造"营火"。为了产生真实感，还可以在假营火架子的外围再蓬架一些秸草、树枝、木材之类的东西。它的特点是经济简便、安全、不污染空气。

无论是真营火还是假营火，火堆设计的大小，数量的多少和放置的位置，都应根据场地的大小、人数的多少、物质条件和需要而确定。

营火晚会要讲究环境气氛，重大的营火晚会和节日、纪念日营火晚会，都要有一定的议程和仪式。一般来讲，应该有宣布营火晚会开始，点燃营火，开始活动，熄灭营火，宣布营火晚会结束几个主要程序。当宣布营火晚会开始后，应有奏军乐、播放歌曲（乐曲）及热烈鼓掌等，增加庄严、隆重、欢腾的气氛。点营火时，如果有首长或英雄、模范人物参加，最好是请他们给点营火或授火种。授火种的办法是：先做一个小火把，由首长或英雄模范亲手点燃后，依次再授给指定的人去点。点营火时，可以一个人直接拿着火种去点，也可以一组人，以接力传递的办法由最后一个人去点，在授火种、点营火的过程中，为了活跃气氛，应该奏乐、播放乐曲和热烈鼓掌。

从其节目的表现形式上，大致有如下几种：一是故事营火晚会；二是文艺演出和体育表演晚会；三是革命传统教育晚会；四是集体舞、营火晚会等。

在组织此类晚会时，一定要严密制定晚会活动程序和注意事项，以确保晚会安全、顺利、热烈地进行。在选择场地时，要选择避风、有水源、不易引起火灾的地方；安排晚会时间要注意天气预报，如遇风雨天，应改期举行；要安排专人保护营火、添加燃料，晚会结束时，要有专人熄火，确认完全熄灭后才可离开；用假营火时，应注意用电安全。

（三）朗诵晚会

朗诵晚会是一种直接用文学作品来抒发情感、启迪心灵的群众性艺术活动。它可以使广大官兵在晚会的热烈气氛中，品尝到文学的甘露，领略到语

言的魅力。朗诵晚会不需要更多的物资、人员保障，也不需要隆重、彩艳的排场,适合基层开展。朗诵晚会多是将别人已发表的作品进行声情并茂的朗诵,使大家通过朗诵领略这一作品全篇或片断的意境韵味,表达自己对某一事物的看法。所以说,朗诵晚会是一种群众性的文艺鉴赏和审美活动,既能丰富和充实人们的精神生活,又可以扩大文学作品的传播和影响力,因而有着重要的教育意义,朗诵晚会中的表演形式通常有四种:

第一,诗歌朗诵。这是朗诵的基本形式,也是朗诵会的主要节目。官兵通过壮美的诗篇和铿锵的韵律,抒豪情,寄壮志,使整场朗诵会高潮迭起。诗歌朗诵通常有古诗和新诗两种。不同的节奏韵律特点,既是形成诗作风格的重要因素,也是朗诵时所应特别注意把握的重点。新诗朗诵时可以像散文一样,不求节奏的整齐划一,语句的划分也可以不必与音节和诗行相同。古诗朗诵则要求音节的整齐和韵律的平仄。

第二,散文朗诵。散文也称美文,它集语言美、节奏美、情感美、意境美于一身。散文的语句长短不一,比较口语化。好的散文语言流畅、节奏自然、富于变化。朗读时除了应体味它的思想、感情和意境,还要正确自然的表达出它的语言节奏。

第三,小说片段的朗诵。小说通常是通过叙述、对话等多种语言手段来表现人物和情节的。朗诵其中一个片段时,始终要用叙述人讲故事的姿态来介绍,不必一一模仿不同人物的对话。如果像曲艺说唱那样,就会给人不严肃、不和谐的感觉,也不符合朗诵的格调。

第四,剧本片段的朗诵。剧本片段朗诵往往选择一段精彩台词,用角色念台词的方式,把其思想感情和性格特点以及语言习惯尽力表达出来,使人感到这是没有化妆的舞台演出。

朗诵晚会在正式演出时应根据朗诵节目的数量、质量决定一场晚会的时间。朗诵晚会在安排节目次序时,要注意大小轻重相间,应把重大题材和平凡题材、严肃题材和轻松题材、单独朗诵和集体朗诵以及配乐或配音朗诵巧妙穿插起来,这样观众的视觉和听觉就能有所调节。在开头、中间和结尾处安排比较精彩的节目以吸引观众，便能让与会人员始终保持饱满的情绪。由于朗诵主要靠声音来表现，所以会场应保持肃静，严禁喧哗和吵闹。朗诵晚会后要及时总结和交流经验，对优秀的朗诵者要给予表扬鼓励或评选发奖，以推动朗诵水平的提高。

（四）赏月晚会

赏月晚会通常是基层连队为欢度我国"中秋节"举办的文艺活动。它的特点是轻松活泼，清新雅致，具有诗一样的意境，别有一番韵味。组织得好可令人赏心悦目，回味无穷。赏月晚会的地点应选择在优美、宽敞的自然环境中。

组织赏月晚会要注意突出一个"月"字，凡同月亮有关的传说、科学知识、诗词歌舞、奇闻趣谈等都可以作为晚会的内容。具体讲可有这样几个方面：

第一，讲有关月亮的故事。如"月下老人""嫦娥奔月""李白举杯邀明月"以及苏东坡《水调歌头》等民间故事和古典诗文。让大家充分展开想象力。

第二，介绍月亮的有关科学知识。月亮是由什么构成的？它有多长的历史？为什么会发光？为什么会有阴晴圆缺的变化？还可以讲有趣的科学幻想小说、对月球的描述等。这可以极大地提高大家的兴趣，充盈大家的头脑。

第三，朗诵历代咏月的诗篇。在赏月晚会上背诵几首描绘月亮的诗篇，会给赏月晚会增添欣赏文学与生活的雅趣。另外还可以背诵一些祖国各地名胜古迹的咏月对联。这既是一种文学欣赏，又能增长知识，还可以加深对祖国山河的热爱。

第四，欣赏月光曲。在月光如水的夜晚，大家围坐在一起，边品尝茶点边欣赏贝多芬的《月光曲》、刘天华的二胡独奏曲《月夜》、广东音乐《汉宫秋月》等经典名曲，别有一番韵味。在欣赏乐曲的同时还可以讲一讲音乐家的故事或创作此乐曲的背景，以帮助大家更好地理解音乐。

第五，演出一些与月亮有关的文艺节目。如跳月亮舞，或请一些爱唱歌的同志演唱一些与"月亮"二字有联系的歌曲。如《十五的月亮》《月亮走，

我也走》等。

赏月晚会最好有茶点助兴，在我国的传统习惯中，每逢中秋赏月时，都要品尝月饼，赏月晚会可将月饼准备得丰富一些，让大家一边尝月饼一边看节目，同时还可以畅谈心得体会，营造亲如一家的气氛。

二、基层文艺晚会的策划、准备与实施

在基层组织的各种晚会中，文艺晚会的包容量更大，组织工作更复杂，其中既涉及到组织上的建立健全，又涉及到编、导、演人员的策划、创作、排练、演出和保障等一系列综合性事项。每一个细小的环节都要去精心设计。组织工作包括机关的组织者对下属的各基层单位的领导，活动的方案布置、检查、指导、综合演练，各方面的协调，节目的编排，台本的撰写，音乐、服装、道具的落实，舞美的设计、制作，灯光、音响的设置，演出的实施，等等，所有工作都有其固有的规律性，其他的晚会活动都可以由此而展开。因此，掌握文艺晚会的组织方法与技巧，并不断付诸实践，具有十分重要的意义。

（一）文艺晚会的策划

策划阶段的主要任务是设计晚会方案，这是办好文艺晚会的基本前提。要在广泛征求和听取各方面意见的基础上，对文艺晚会的主题、规模、形式、组织、分工及实施安排等工作进行具体的设计，为上级主管部门的领导提供具体的参考性建议。

1.确定主题

主题是晚会的灵魂，是晚会内容的核心，也是开展晚会活动的根本目的。主题的内涵虽然要深刻，但在表述上应言简意赅，通俗好记。如以庆祝或纪念节日为主题的五一"劳动创造未来"、五四"青春在军营中闪光"、七一"人民军队忠于党"、八一"长城颂"、十一"祖国颂"等等；以歌颂家乡为主题的"故乡情""家乡美""谁不说俺家乡好"等等；以歌颂官兵友情为主题的"连队

是我温暖的家""战友、战友亲兄弟";以欢送名战友为主题的"接过战友的枪""送战友";以欢迎新战友为主题的"欢迎你——新战友""当兵为什么光荣";以军民共建为主题的"同呼吸、共命运、心连心""鱼水情"等等。主题的确定为晚会定下了明确的基调,同时也限定了参加晚会的每一个节目的内容范围,明确了创作方向,使晚会更具有思想性。

2. 确定规模和形式

晚会的规模包括参加演出及观看的单位、人员的数量,参加观看晚会的最高领导机关及首长,晚会节目的数量,晚会总的时间长度,晚会将涉及的单位,节目的档次标准,等等。晚会的组织形式包括演出形式,节目内容的搭配,节目形式的定位,晚会总的表现手法,晚会的整体风格和气氛,演出的时间、场地等等。

晚会的规模和形式要根据既定的主题,本单位的场地设备等实际情况,经济实力以及人员素质等条件来考虑,做到因地制宜不贪大,因陋就简不求全。

3. 制订实施方案

在明确主题和规模、形式的基础上,提出详细的实施方案报上级主管部门审批。方案的内容主要包括:举办晚会的目的和意义、晚会的主题、晚会的规模及形式、节目和人员的组成方式、组织工作分工和建议、经费预算、注意事项及具体要求等等。方案的安排要合理,设计要周密,特别要注意方案的可操作性。

4. 布置和安排

上报的实施方案报领导审批后,要及时通知各基层单位进行准备,并根据首长的指示和基层反馈的信息,对方案进行修改或调整。通知的内容主要包括:举办晚会的目的和意义,晚会的主题,节目的内容限定范围,节目的形式,各单位准备的节目数量、时间及可能担负的组织工作,晚会活动组织机构及整体安排,举办晚会的时间、地点及节目准备、检查、验收的日程安排,注意事项及具体要求,联系单位及负责人。

通知的下发一定要及时,给参与单位有比较充足的准备时间。在全面掌

握本单位情况的基础上，可在通知的同时，向各单位提出具体的参考建议。

（二）文艺晚会的准备

节目是文艺晚会的实际内容，晚会只是节目的载体，而节目的演出质量如何，表演水平能否发挥得好，关键看有没有一个好的"本子"。因此，当所有的工作布置安排好之后，组织者就应将工作重点转向抓节目质量上来了。

1. 节目的创作

基层组织文艺晚会因能力、水平有限，官兵完全可以从各种媒体上寻找现成的优秀作品来进行排演，比如电视晚会、光碟录像，以及《军营文化天地》等各种书刊杂志等等，只要用心揣摩、认真排练，都能够取得良好的演出效果。但创作节目，更加能够及时地反映我们身边火热的军营生活，反映身边的好人好事和先进典型，颂扬革命传统，体现官兵们最熟悉、最关心的人和事，使我们的文艺节目更富有生命力。

创作节目，应根据节目的不同类型建立不同的创作小组。参加创作的人员应具有一定观察、提炼生活的能力，具有一定写作基础和特长。在分头创作的基础上，要不断听取群众意见，并组织文艺骨干集体"会诊"，反复修改，直至拿出受观众喜爱的、符合本单位晚会特点的文艺作品。在创作中，通常应注意三个方面问题。

（1）观察生活，抓准主题。任何作品都来源于生活，观察体验生活是创作的基础和前提。构成作品的一切因素像题材、人物、情节等等，都是从实际生活中提炼出来的。我军历届文艺调演中的优秀节目之所以在官兵中产生了巨大的影响，就是因为作者深入部队生活，去认识、了解当代军人，了解基层官兵的思想、爱好、情怀，熟悉兵的生活、兵的语言、兵的理想。所以只有对生活认识得越清晰、越深刻，创作的作品才越有价值。离开了生活，文艺创作就会失去源泉而枯竭。

优秀的文艺作品都能够很好地抓住主题。所谓主题就是中心思想。在创作中，材料的取舍、情节的安排、结构的组织和语言的运用都必须服从主题，体现主题。那么如何抓准主题呢？大致有两种办法。一种是先根据宣传教育或创作宗旨的需要确立一个主题，然后根据主题的要求在现实生活中或掌握的素材中搜寻与主题有关的事件、人物、细节，从中进行筛选，作为创作坯本。然后根据主题对选中的坯本进行艺术加工，通过巧妙的构思，深入刻画人物，将主题融入节目之中。第二种是对已经掌握的生动素材或现实生活进行艺术加工，然后再从作品的内容出发，提炼、概括出具有时代性的主题。无论用哪种方法和采取何种节目形式，都要做到"大处着眼，小处着手"，通过"以小见大"反映社会本质和时代潮流，使作品拨动观众的心弦，引发共鸣。另外，在确定主题的过程申，一定要注意避免三个问题：一是避免"说主题"，往往有些文字节目容易把主题说得一清二楚，成了上政治课；二是避免"多主题"，节目中主题太多，蜻蜓点水，哪个主题也表达不深刻；三是避免"无主题"，即主题思想含糊不清，难以给人以教育作用。

（2）选好形式，体现兵味。主题抓准以后，就要考虑运用什么样的表演手段和表现形式才能最恰当地表现主题，力求达到内容与形式的高度统一。兵味是军旅文化内容的核心。有了兵味，就有了兵的生活、兵的风采和兵的情怀。所谓兵的生活，就是反映和体现火热的连队生活。无论什么节目形式，都要紧紧抓住连队的特点以及涌现出来的英模先进事迹，着意进行编排。所谓兵的风采，就是要突出军人的性格特征和精神风貌。无论写一段歌曲，还是编一段舞蹈，虽然不一定具备专业水平，但军人的气质要感染人，令人鼓舞。比如很多军旅题材的舞蹈节目的创作就在舞蹈动作中融入了战士们平日军事训练的动作，特别能反映军人生活，体现军人的风采。所谓兵的情怀，就是要着力展示当代青年军人的思想境界、爱憎情感和志趣追求。要从多个侧面，多个角度塑造、表现真正来自连队的"兵文化"。比如很多战士演唱组创作演出的"战地街舞""侦察兵舞"以及工作间隙利用炮弹皮、罐头盒、玻璃瓶等物品自制的"土"乐器合奏，就洋溢着浓郁的兵情兵味，体现出我军官兵不畏艰苦的革命英雄主义情怀和热爱生活、善于创造生活的高度乐观主义精神。

（3）巧妙构思，塑好形象。构思是文艺创作的中心环节。它的任务就是要

将生活素材通过创作者的头脑加工制作成一个全新的、完整的艺术形象。构思不但需要有特定的技巧，而且要对创作节目形式的基本规律了如指掌，例如在编演戏剧小品时，不仅要使结构精美巧妙，而且还要会安排情节，做到既符合客观生活，又要符合人物性格发展的内在规律，首尾贯通，前后照应，主次分明，均匀和谐。构思的目的是为了塑造典型形象。而塑造典型化形象的程度愈高，作品就愈完美，愈有普遍意义，价值就愈大。比如小品《胃口问题》，构思就非常巧妙，作者并不是直接介绍基层如何带兵，而是通过两个战士善意地帮连长隐瞒战士们训练热情不高的实情而引发的种种"笑"果，侧面介绍了基层应如何带兵，使人看后久久难以忘怀。此外，在语言运用上应根据不同节目的特点，去组织不同的语言，这样才能使节目生动感人，富有艺术性。

2. 节目的排练

排练是实现节目内容与体现形式有机结合的重要手段。俗话说，台上一分钟，台下十年功。演员通过表演来充分地体现组织者的创作意图及节目内涵，离不开事先严格、认真、充分的排练。排练过程大体可以分为四个步骤：排练的准备、分头排练、合成排练和彩排。

（1）排练的准备。在排练的准备阶段，首先要制订一个切实可行的计划，划分阶段，明确分工，接下来就是组织全体演出人员反复研究作者意图，吃透节目的主题精神。如需要时，还可学习一些必要的辅助资料，进一步对节目涉及的主要事件、节目中的矛盾冲突加深理解。同时，由负责编导的同志谈艺术构思，讲解对某个节目的理解和大致设想，如时代背景、主题思想、矛盾冲突、主要事件、高潮点、人物设想、演出风格、艺术处理等，尽量使大家做到人人皆知。

（2）分头排练。分头排练既可以单独练习，也可小组练习，无论采取什么方式，都要认真体会，做到精益求精。

（3）合成排练。分头排练基本成熟后，就可以合成排练了。合成排练又叫连排，是指将整场节目连贯起来"拉场"，目的主要是让演出人员熟悉表演场地，保障人员熟悉保障事项，看效果、找问题。如节目衔接是否恰当，节目顺序是否合理，舞台效果保障是否合适，舞台工作人员是否配合默契等。通过合成排练使舞台节目形成自然、谐调、完整、熟练的统一体。在合练中发现问题后，再分开单独体会，以保证正式演出的万无一失。

（4）彩排。经过舞台合成之后，应在正式演出之前进行一次或两次试验性演出，这就是彩排。彩排是完全按照正式演出的要求进行的总排练，要求化妆、服装、道具、音响、灯光、布景等一切到位。观看者主要是领导与组织者及有关人员，时间安排在正式演出前两三天为宜。彩排，是对导演工作、演员表演、舞台各部门工作的检验。一般情况下不会有太大的改动，只是弥补些小的漏洞，经过审查后便可以进行正式演出了。只要以上工作做得圆满，正式演出便可水到渠成。

3. 节目的审查和确定

在基层单位开始准备节目的创作和排练时，晚会组织者要深入基层对节目的创作和排练进行全程指导，以达到及时掌握进度，统筹协调安排，有机组合调整，定位把关，确保节目质量的目的。

在指导基层的过程中，要做到积极参谋，全面协调，多出主意，多想办法，并对每一个节目进行认真地审查，既要把好艺术关，更要把好政治关。通过对节目的指导和审查，既可了解基层单位的准备情况，也可对整台晚会的节目做到心中有数。重点抓住两头，对高质量的节目要精练细排使之好上加好，成为整台晚会的拳头节目；对质量一般或较差的节目，只要符合晚会的总体需要，就要积极地扶持，指定专人进行加工、改造，必要时可采取联合的手段集体攻关，并在灯光、音响、服装、道具等效果上进行技术处理。通过抓两头、促中间的办法，努力提高晚会的节目质量。

组织者在节目审查工作的基础上，按各种不同要求选择节目，根据规定条件对上报的节目进行选择。时间在一小时的晚会，歌舞及其他小节目合起来，以 8~10 个为宜。一个半小时的晚会可选择 13~15 个，最多不超过 15~18 个。

4. 节目单的编排

基层组织文艺晚会，一般是采取选调节目的办法来充实内容。在组织实

施的过程申，各单位的强项节目并不一定完全符合组织者的总体构想，因此，对已选定节目的演出顺序进行合理的编排就尤为重要。在此基础上形成晚会的节目单。

一台节目是一个整体，节目顺序的安排也要从整体效果出发，可从以下几个方面加以考虑：

（1）将相同形式的节目分开

相同形式的节目排在一起，易显得单调。因此要坚持"同类相斥"原则，将歌舞、乐、剧、曲等不同类型的节目进行合理搭配，力求同一表演形式的节目不重叠。

（2）先排定三个位置的节目

这三个位置指的是开场、高潮与结束。这三个位置在演出中的地位很重要，抓住了这三个位置的节目，节目顺序的安排条理会更清楚，也更能获得好的效果。

开场节目要先声夺人。注意把握四点：一是点题准，必须紧扣主题而不能与晚会主题若即若离，更不能偏离、背离主题；二是气氛足，一场大型晚会的开场节目要有气势，镇得住场；三是形式新，出奇制胜，意料之外，给观众以新鲜感；四是节奏快，通过快的节奏给人以热烈、欢乐的情绪。

晚会的结尾节目要有一定的深度，一定的气势，要造成晚会的高潮，给观众以"见好就收"的满足感。常见晚会结尾节目大致有两种类型：一种是热闹的结尾，如歌舞、联唱等。另一种是深情的结尾，通过设计一段令人难忘的主题曲或台词唤起观众美好的依依惜别之情。如一曲《难忘今宵》的动人演唱，唤起了观众美好的依依惜别之情。

高潮节目安排在演出进行到三分之二前后，这时的节目要有分量，效果要突出，使晚会的气氛随着高潮节目的出现而形成此起彼伏、抑扬有序、张弛得当的节奏。

选定高潮性节目的具体标准是：用深化的主题激励人，用优美的意境吸引人，用活跃的气氛影响人，用真实的事件感动人。

（3）照顾换景与演员上下场

安排节目顺序时还要照顾到演员的上场与下场。如果把一个或一批战士演员承担的节目全部连续排在一起表演，容易使他们疲劳，从而影响演出效果。此外，相同的演员连续出现在不同的节目里，也会使节目失去新鲜感。所以要注意把这些演员表演的节目穿插开来。另外搬运布景、演员换服装、换妆等情况，在安排节目顺序时都要考虑到。当节目顺序确定下来后，节目单的打印或印制就可视需要而定。

总之，在节目顺序的编排上要拿"四个穿插"作参考，即说唱类节目与歌舞类节目相穿插、声乐类节目与器乐类节目相穿插、单人节目与群体节目相穿插、高质量节目与一般性节目相穿插。

节目单示例：

庆"八一"文艺晚会节目单

序号	节目类型	节目名	节目效果
①	锣鼓表演	《军威锣鼓》	好
②	独唱加伴舞	《咱当兵的人》	较好
③	哑剧	《打电话》	较好
④	舞蹈	《军营之火》	好
⑤	表演唱	《连队新事多》	较好
⑥	相声	《父亲来队》	一般
⑦	集体舞	《快乐军营》	较好
⑧	独唱	《想家的时候》	一般
⑨	快板书	《老兵颂》	较好
⑩	舞蹈大合唱	《八一军旗高高挂》	好

（三）文艺晚会的实施

文艺晚会的实施是文艺晚会的核心阶段，既是组织工作的一次全方位亮相，也是节目排练成果的最后展示。主要包括演出各种保障工作的落实，现场的调控和晚会后的总结等内容。

1. 演出前的保障工作

节目的演出需要有场地、灯光、音响等方面的基本保障，使节目的内容得到充分的体现，使节目的形式和艺术效果得以最大限度的发挥。

（1）选择场地、布置环境

选择场地可根据季节、驻地环境、节目表现内容和本单位的演出设备状况而定。一般来讲，专题晚会宜在室内，便于突出主题；娱乐性演出则适合室外。各基层部队还可根据各自的不同特点选择场地，如海军部队可直接利用甲板做舞台；海岛、山区的部队可利用地形的自然层次形成模拟舞台等。只要地形利用合理，同样具有良好的演出效果。在选择场地时，既要考虑演员的表演区，也要考虑观众的位置，还要考虑演员的候场、准备等附设区域。

场地选好后，要进行美化布置，以烘托气氛，体现风格。专题文艺晚会，可布置写有或绘有晚会主题的会标、宣传画、图案设计。综合晚会，以喜庆娱乐为基调，可布置宫灯、彩灯、彩带、气球等。场地布置时要注意突出军营特色，体现出简洁、活泼、明快、热烈的气氛。

（2）布置灯光

舞台灯光在一场文艺演出中起着重要的作用。它不仅能照亮整个舞台的表演区，让观众清楚地欣赏到演员的表演，还能通过多变灯的色彩，制造特殊效果，烘托舞台的气氛，达到特定的艺术要求，与其他手段共同完成人物形象的塑造。

由于条件的限制，一般基层的舞台往往灯光配备较少，在演出时应根据舞台灯光配置的常识，结合本单位的具体情况配置舞台灯光。

第一，常用灯光介绍。

面光。面光是舞台灯光中最基本的一种。面光灯具的位置在前排观众席头顶部上面的屋架上。面光一般从正面照射在舞台的前表演区，也可以从斜面交叉照射演员。面光灯具能装多道，应根据需要与实际条件决定。

侧面光。侧面光灯具的位置在观众席二楼两侧上台口处。如果演出场地没有此条件，可以临时用木梯、升降吊杆、铁架等装架灯具。侧面光能增加面光照射的侧面亮度，使人物与布景产生立体感。侧面光应该从正面偏向两侧的角度照射舞台的表演区。

耳光。耳光灯具的位置在舞台外靠近台口的左、右两侧。它的作用同侧面光。耳光光线应从左、右两个侧面照射舞台表演区。

顶光。顶光在大幕后面。灯具安装在台口的升降吊杆或吊桥上。顶光用的是聚光灯，光线主要照射在舞台的中部、后部以及面光照射不到的部位。有条件时，从台口向天幕每个区间都可装上顶光。舞台越大、越深，顶光就要越多。

侧光。侧光的光线是从高、侧方向往下照射。它能从侧幕间照射舞台的每一个表演区，还能使布景产生立体感。侧光灯具的位置在舞台内左右两边墙上的天桥上，也可临时用升降吊杆或木梯等代替架设。从舞台台口到舞台后都能装侧光，具体情况可视条件而定。

地排光。地排光灯具设置在距天幕两米左右的舞台地面上。它的作用是专门仰射天幕，装有各种景片与色片，可在天幕上打出需要的景色。

前侧光。前侧光灯具的位置在舞台内大幕后两侧。如果舞台上没有能够伸缩的活动台口，可用铁支架等代替安装。前侧光是从上而下的光柱，主要照射侧光与耳光无法到达的舞台表演区。

追光。追光一般是架设在舞台外、观众席顶的屋架上或两侧，距舞台口大约十米。追光应由专人操作，追随舞台上活动的演员，将光照射在演员身上。追光运用的是硬光聚光，可以自行扩大或缩小光圈。

第二，根据实际情况使用灯光。

设置灯光一定要根据本单位与舞台的具体情况而定，尽量将主要的灯光配置使用起来。在一些重大节庆与具有特别意义的演出中，灯光的作用是不可忽视的。如果灯光条件差，不能配置主要的灯光，那么最基本的面光予以加强后也可用于演出。

（3）调试音响

音乐是晚会的灵魂，音响的好坏将直接影响到整台晚会的现场效果。音响

的调试主要是对组成音响的三大部分设备——音源（放音设备、话筒灯）、放大（扩音器、调音台、功放等）和输出（音箱）进行检查和校正。晚会活动一般不宜用高音喇叭，要尽量安装组合音箱。音响大小和多少要根据场地的大小和放大输出功率来决定。调试音响原则是：第一，保证音质纯正，不浑浊；第二，保证音色圆润，不刺耳；第三保持音量适中，不啸叫。总之，以台上的演员和现场观众都能比较清晰和舒适地听到声音效果为准。

另外，舞台上的音响效果还可细分为动作效果与背景效果，主要用于戏剧节目的表演中。

第一，动作效果，指演员表演时各种动作造成的音响。比如吹口哨声、打铃声、哭声、喊叫声、敲门声、摔碗声、打碎玻璃声、皮鞭抽打声、枪声、汽车行驶声等等。要将动作音响模拟得恰如其分，必须做到：担任制作效果的战士与演员表演时的动作要多次练习、配合默契，力求做到准确无误地同时出现；音响效果发出的方向要与演员动作的位置统一，不要出现左边敲门右边响的错位情况；处理音响效果的音量，应考虑到演出场地的大小与观众实际的承受能力，强度小的效果（如敲门声）要适当夸大，强度大的效果（如枪炮声）则应酌情减弱。

第二，背景效果，指不由表演者的动作造成的各种音响。比如自然界里的雷鸣声、风雨声、海浪声以及各种鸟、兽的叫声等。背景音响是一种环境音响，它特别能启发人的形象思维，把观众带入剧场之外的场景中，帮助观众理解剧情。背景效果要根据剧本内容与排练者的需要使用，最好与美术结合为一个整体，并服从整体需要，要处理得当、恰到好处，不要滥用，否则会适得其反，失去真实感。

（4）使用烟雾

晚会中，音响效果是通过声音表现的听觉效果，而烟雾效果则是一种视觉效果。既能用于戏剧节目，又可用于歌舞节目中。

制作烟雾效果的原料是干冰、烟粉与乙二醇。制作与使用方法如下：方法一，原料为干冰（即固体的二氧化碳）和热水。将适量的干冰置于开口的器皿或者盆内，然后浇上热水。当热水浇泼在干冰上时，干冰在汽化过程中吸收了空气中的热量，空气逐渐冷却。这时空气中的水蒸气凝固并与汽化了的二氧化碳结合起来，就形成了白色的烟雾。干冰烟雾的特点是贴近地面，积聚的时间较长，散失的速度较慢。这种烟雾要在幕后或两侧释放，稍提前几秒钟即可。方法二，原料与器具为烟粉和喷压器。将烟粉放在特制的喷雾器内点燃，而后打开喷压器的阀门，即可自行喷出白色的烟雾。这种烟雾的特点是距离舞台地面较高，不能沉积，呈现松散状态，飘浮动荡，多用在幕启之前。方法三，原料与器具为乙二醇、水和喷压器。在乙二醇液体中加水装入喷压器，经过加压即可喷出白色烟雾。

总之，不管用哪种方法制作烟雾，干冰、烟粉及乙二醇的剂量大小都应该依据舞台大小与需要效果的时间长短决定。

（5）主持人和台词

在选择节目主持人方面，一定要非常慎重，因为节目主持人在一台晚会中，起着穿针引线的作用。一台晚会的节奏、气氛、风格如何体现，很大程度上取决于节目主持人的把握。所以要力求选择形象气质好、口齿清楚、音色圆美、有激情、善表演、反应快的同志担任。作为一台晚会的主持人，对整场晚会的程序一定要清楚，无论晚会进行到哪一项程序，主持人都应始终掌握着晚会的主动权。善于带动观众的情绪，并能根据晚会出现的各种意外情况，进行随机应变的灵活处理。

比如，当一个节目演完时，对那些表演精彩、观众欢迎的节目或战士演员，主持人可适当给予评价，讲上一两句不失分寸的话，喝一声彩，以调动演出气氛。这样能让观众始终保持一种处在活跃的状态，处在主持人的"控制"之中。当节目表演不理想或者出现失误、演员情绪紧张时，主持人要用巧妙的方法弥补这些不足，如安慰、鼓励、打圆场、转移话题等。神态要自如，语言要轻松幽默，要将观众分散了的注意力吸引到下一个节目上。

晚会主持人的台词主要有三大部分，即开场词、结束词、串联词。开场词要大气、热情、直切主题，语言要精彩，气氛要热烈，使主持人一开口就

牢牢地抓住每一位观众。结束词要对组织晚会目的、意义进行综合性的概括，使晚会主题得到一种延伸，气氛上可具有振奋的豪情，也可以是余味索绕的温情。节目之间的串连词要有的放矢，针对节目的内容，使主题鲜明的节目更加深刻，给主题不明显的节目赋予主题的寓意，使远离主题的节目最大限度地贴近主题。

串联词的写法主要有：白描式——从演员或节目本身的说明直接切入；隐喻式——用比喻的形式对节目做出一种暗示，引导观众在思索中理解作品；概括式——由结果（节目展示的目的性）而引出节目对晚会气氛的烘托；融合式——把上下两个节目联系起来，承上启下，增加节目之间的内在联系。

2. 演出时的现场调控

做好演出现场的指挥调控工作，是确保演出顺利进行的关键。

首先，对工作人员要进行明确分工，责任到人。演出时的现场组织是通过舞台监督、后台主任、催场、灯光、音响、化妆、服装、道具、拉幕、搬景等工作人员来具体实施的。舞台监督是一台节目演出的总指挥，其职责是：①对参加演出的节目要了如指掌，如有些什么类型，占用多大的舞台面积，什么时候拉幕，乐队放在哪里等；要排出节目单，使舞台节目起伏连贯，最后在高潮中结束。②要负责检查灯光、扩音器的准备情况，选择拉幕、跟幕和催场人员。③要负责管理开幕以前的一切事物，掌握舞台工作的进行，指挥报幕员和拉幕人员，指挥负责摆话筒、天幕打幻灯和灯光的工作人员，检查布景、道具的位置放得是否恰当。④节目进行中遇到意外情况时，如某个节目因故不能上，舞台监督有权将后面的节目临时调换上来或调换节目；某个节目受观众欢迎，要求返场时，只要这台节目原则允许返场，舞台监督就有权让这个节目返场，受欢迎的节目演完后，观众掌声仍不断，则还要指挥演员谢幕。演员和舞台工作人员都要服从舞台监督的指挥，使一台文艺节目井然有序地完成。舞台监督应具有较高的组织才能，丰富的知识和经验，办事细致、灵活，处理问题沉着果断，在任何情况下都能保持冷静的头脑，要"压得住台"。后台主任的主要任务是协助舞台监督工作，督促演员的化妆；换装及道具的准备落实，清点节目人员，组织演员按时候场，维护后台及候场区的秩序，主动向舞台监督报告准备情况。舞台演出是综合艺术，离不开各方面的配合协同，所以舞台保障工作要分工明确、责任落实、配合默契。基层文艺演出规模小、人员少、条件有限，舞台保障工作可视情况简化或由演员兼任。

其次，为确保演出能够顺利进行，在演出前十五分钟，舞台监督要组织检查各项工作的准备情况，向全体演职人员做现场动员，提出要求，调整情绪，使演出进入现场准备状态。检查的内容主要包括：演职人员到位情况，服装、道具的情况，乐队定调、灯光编组、话筒调试、音乐带的准备情况等等，确保各项准备工作万无一失。

最后，演出开始后，组织者要通过舞台工作人员有效地控制现场及时处理好各种突发的意外情况。除出现电源、灯光、音响故障或危及安全的问题，直接阻碍演出的正常进行外，一般不得随意中止演出。如演出中遇到特殊情况（比如演出中突然断电），应由组织者酌情处理。如果可以在较短时间内恢复，那么就完全可以在现场组织一场轰轰烈烈的拉歌赛，既不失时机地开展了基层歌咏活动，展现了官兵的精神风貌，又为晚会排除故障赢得了时间。

3. 总结经验、不断提高

及时总结经验，不断提高完善，是保证基层晚会活动质量的重要环节。在每次彩排或演出后，都要适时召开总结讲评会或观看人员座谈会。广泛征求意见，肯定成绩，指出不足，解决存在问题。并按既定的方案对好的作品、好的节目、好的演员及组织工作突出的单位进行表彰，发挥激励机制的作用，促进本单位的文化工作全面发展。做到演一场、进一步，始终保持演出的新鲜感和创作热情。同时要防止和纠正越演越"油"、越演越"水"的不良倾向。

实例鉴赏：基层歌咏比赛

1.某部组织开展歌咏比赛前向各单位下发的通知

通　知

各单位：

为热烈庆祝中华人民共和国成立××周年，进一步推进学习贯彻落实×××××，强化培育当代革命军人×××××，现举办"军歌嘹亮颂祖国"歌咏大赛。有关事项明确如下：

一、参加单位：

机关、学员队、培训队，直属分队、教职员工队。

二、参赛曲目：

从下发推荐歌曲列表（附件1）中选择。

三、比赛时间：

9月14日前，为各单位排练时间，9月15日至9月17日为各单位组台时间（附件2），9月18日至19日组织预赛，9月25日组织决赛。

四、奖项评比：

本次比赛设一等奖1个，二等奖3个，三等奖5个，优秀奖6个。

五、比赛要求：

1.从推荐列表中选择2首，时间不超过10分钟。

2.参赛人数80人（机关、直属队20至60人），人员精神饱满，着装统一、整洁，声音洪亮，音色统一，作品艺术感染力强。

3.作品不少于2声部，可采用伴奏演唱（伴奏形式不限）。

4.有条件的单位，可与其他单位（含共建单位）联合参赛。

5.各单位认真组织，严格按规定时间排练、参赛。

附件1 "军歌嘹亮颂祖国"歌咏大会推荐歌曲

……

附件2

"军歌嘹亮颂祖国"歌咏大赛时间安排

时间		内容	地点	组织	备注
9月14日前		节目编排	各单位	各单位	
15日	19：00—21：30	学员队	校区文体馆	学员一队至四队	
16日	15：30—17：30	学员队	校区文体馆	学员五队至八队	
	19：00—21：30	培训队	校区文体馆	培训一队至四队	
17日	16：30—17：30	培训队	校区文体馆	培训五队至八队	
	19：00—21：30	教职员工	校区文体馆	各单位	
18日	15：30—17：30	机关、直属	校区文体馆	宣传科	
20日-23日		参加决赛单位修改彩排	校区文体馆	宣传科	
24日	19：00—21：30	决赛彩排	校区文体馆	宣传科	
25日	15：30—17：30	决赛	校区文体馆	宣传科	
说明	1.各单位严格按规定时间排练、参赛。2.严格遵守礼堂各项规定，维护校区文体馆秩序。3.此计划如有变动，以机关通知为准。				

2. 某部歌咏比赛主持词

"庆祝十八大，再创新成绩"歌咏比赛主持词

尊敬的各位领导，亲爱的同学们：

大家好！党的十八大的春风，吹绿了大江南北，温暖了千家万户。党的十八大的宣言，昭示着我们伟大的祖国又一次新的腾飞。为了配合十八大精神的学习贯彻，营造浓厚的学习氛围，结合"文化月"活动安排，我们组织了这场歌咏比赛，比赛分中级队组、初级队组、分队组3个组别分别进行，今天下午我们进行的是初级队组的比赛。

非常高兴的是，学院×政委、×政委、政治部×主任、×副主任

在百忙之中，来到了比赛现场，让我们以热烈的掌声对他们的到来表示忠心的感谢。

接下来介绍本场比赛的评委，他们是：

主任评委：政治部×副主任

评委：政治部宣传处干事××，政治部宣传处干事××，政治部政工教研室教员×××，学员5队学员×××，学员6队学员×××，学员7队学员×××，掌声欢迎他们的到来。

本场比赛；每个参赛单位演唱两首歌曲，其中，《忠诚》为指定曲目，另外一首为自选曲目。比赛评分标准为10分制。其中：音色音准2分；艺术处理2分；指挥2分；纪律仪表2分；咬字吐字1分；组织形式1分。

比赛采取现场打分，每组比赛结束后报分的办法。积分的方法为：9名评委的评分去掉一个最高分，一个最低分，其余评委的平均分为该队的最后得分。本场比赛取前6名，其中一等奖1名，二等奖2名，三等奖3名。

歌咏比赛现在开始，首先上场的是2队，他们演唱的曲目是《忠诚》《一切为打赢》，请4队做好准备。

（第一个单位结束后，第二个上场。第二个单位演唱结束后，主持人报第一个单位的得分，以此类推。）

接下来上场的是5队，他们演唱的曲目是《忠诚》《神圣使命》，请8队做好准备。

下面宣布2队的得分：去掉一个最高分×，去掉一个最低分×，2队的最后得分是×。

接下来上场的是8队，他们演唱的曲目是《忠诚》《当那一天来临》。

首先宣布一下5队的得分情况：去掉一个最高分×，去掉一个最低分×，5队的最后得分是×。

各位领导和同志们，在精彩、激烈的角逐后，经评委和工作人员的统计，比赛结果已经出来了。下面公布获奖单位名次，获得三等奖的单位是

×××，获得二等奖的单位是×××，获得一等奖的单位是×××。

让我们再次以热烈的掌声祝贺他们。

尊敬的各位领导，亲爱的同志们，歌咏比赛初级队组比赛到这里就结束了，再见。

3. 歌咏比赛评分表见表2-7-9。

表2-7-9

单位						
曲目						
艺术处理 （2分）	音色标准 （2分）	组织形式 （1分）	纪律仪表 （2分）	咬字吐字 （1分）	指挥 （2分）	总分

评委：＿＿＿＿＿＿＿

第三章
基层游艺活动的组织方法与技巧

游艺活动，是深受部队基层官兵欢迎的一种文化活动形式。组织基层官兵开展游艺活动也是基层文化工作中的一项内容。

第一节　游艺活动的分类

游艺活动，通常是指运用各种文化娱乐器具或器械进行的带有一定技艺的游戏活动。游艺活动有各种分类方法。按人的运动特点来划分，可以把游艺活动划分为智力类游艺、技巧类游艺、运动类游艺三种。智力类游艺是进行智力运动的游戏，技巧类游艺是进行技巧运动的游戏，运动类游艺是进行体力运动的游戏。这种划分方法在某些项目中会发生交叉。

一、智力类游艺活动

智力类游艺活动的特点是：人们在进行这类活动时，以发挥自己智力运动能力为主。智力类游艺活动在我国具有悠久的历史、繁多的种类和广泛深厚的群众基础。智力类游艺活动常见的有以下几种。

（一）猜谜

谜，是准确地抓住事物的特征，运用比拟的方法，以含蓄、精炼而又生动形象的语言表达出来，让人们去猜测的一种文字游戏。具有"谜面""谜底"和"谜目"三大部分。"谜面"又叫喻体，是把某事物比拟为他事物，对事物进行形象化的说明。"谜底"又叫本体，就是所说的事物本身，让人们猜测的答案。"谜目"就是说明要猜的范围、格式及谜底的数量。谜的种类繁多，从内容方面分，有物谜、名称谜、动态谜、字词谜、诗文谜、科技谜等；从制作方法上分，有普通谜、格律谜、哑谜、画谜、射覆谜和谜语故事等。猜谜游戏内容具体见本章第三节。

（二）对联

对联，是我国特有的一种雅俗共赏的文学形式。它是由诗词、骈文中对偶句演变而来的。其最早形式叫"桃符"，始于秦汉以前，即用桃木板两块，写神荼、郁垒二神，悬挂门旁，以为能"压邪"。到了五代，后蜀宫廷里开始在符上题联语，称为题桃符。后来主要是在春节用红纸写成贴在门上，故又称为"门对""春帖"。一幅幅对联鲜红夺目，表达出喜庆气氛。文字各异，包涵着不同内容和情感，也蕴含着丰富的知识。

（三）射覆

射覆也是一种古老的游戏，类似猜谜，起初是用作劝酒的。把酒席上一件东西，放在一个碟子或碗的下面，然后说出这东西形态和大体的作用来，请在坐的人猜测，猜不中的罚酒。现在运用到文学上来，是用两个物名，左一个物名的首字，和右一个物名的末字，合起来变成一个物名；左一个物名的末字，和右一个物名的首字合起来，也变成一个物名。只把左一个物名的首字和右一个物名的末字说出来，请人猜出所藏的物名。例如松××花——射香水；×南×京——射湖北；春×风×——射秋雨，等等。

（四）棋牌游戏

棋牌类游戏历史悠久，是一种在世界范围内盛行的智力类游艺活动。主要有各种棋类游戏、各种扑克牌游戏、麻将牌游戏、骰子游戏等。

智力类游艺活动除上述四种，还有文字游戏、数学游戏、化学游戏、逻辑游戏、外语游戏、填空游戏、拆合游戏等等。

二、技巧类游艺活动

技巧类游艺活动的特点是：人们在进行这类活动时，主要发挥自己各种技巧运动的能力。技巧类游艺活动分传统型和现代型两类。

（一）传统型技巧类游戏

1. 结构游戏：堆雪人、一笔画、华容道、快速组装、魔方变幻。

2. 表演游戏：感觉表演、耐力表演、联想游戏、绕口令、套圈、越障碍等。

3. 魔术游戏：借助物理、化学、机械原理来表演各种物体的动速增减或隐现变化的游戏。

4. 技能游戏：气枪打靶、气球投篮、呼拉圈、康乐球、台球等。

5. 角色游戏：蒙眼动作、大头娃娃、捉迷藏、走迷宫、找捷径等。

（二）现代型技巧类游戏

现代型技巧类游戏分为电动、电子、声光、器械等各种游戏项目。电动游戏主要是利用现代电声光学原理按一定娱乐规则和程序进行设计，检验参与者的触觉（器械）、波觉（声音）、视觉（光线）、形觉（概率）、移觉（物理）、知觉（逻辑）、感觉等各种功能的发展水平，检验人的神经系统的反应速度，让人们发挥自己的技巧能力。

三、运动类游艺活动

运动类游艺活动的特点是：人们在进行这类活动时，主要发挥自己体力

的水平，在游戏中体现自己强壮的体力。运动类游艺主要有以下三种。

（一）体育游戏

游戏是提高身体的活动性游戏和与各专项技能密切相关的专门性游戏。体育游戏是用游戏的形式把各种体育项目的技术、战术结起来的一种娱乐活动。体育游戏有明确的技术要求，严格的规则，一定的运动量和难度。体育游戏主要分室内、室外或场馆、野外两类。其具体形式多达数百种。

（二）角力游戏

以人的体力、毅力等为较量对象的角逐性游戏，主要有拔河、单臂较量、拉绳取物、举炮弹、爬舷梯等。

（三）谐趣游戏

带有趣味性的对抗、相持游戏。主要有智力越野、知识接力、平衡搬运、双人画图、单腿行动、自行车慢赛等。

第二节　综合性游艺活动的组织方法

按照游艺活动的组织规模，游艺活动的组织可以分为单项性游艺活动的组织和综合性游艺活动的组织。单项性游艺活动的组织比较简单，而包括了以上所有游艺活动种类的综合性游艺活动的组织由于规模大、形式多、内容广，组织起来比较复杂，所以这里主要介绍一下综合性游艺活动的组织方法。

一、建立组织机构

组织综合性游艺活动，应该建立一套组织机构。这套组织机构人员应有三方面人员组成。

（一）领导人员

领导人员是游艺活动的决策者，对整个活动实施全面的组织领导，负责活动方案的设计，制定规则，调配人、财、物、实施游艺现场指挥监控等等。

（二）技术人员

技术人员负责游艺活动器材设施的采置、装配、调试、维护等技术工作，并具体组织游艺场所的装饰布置。

（三）管理人员

管理人员具体负责各游艺项目的现场开放管理，维护活动秩序，提供服务保障，等等。

二、活动设计

综合性游艺活动揽括的项目十分广泛，究竟怎样开展活动，事先一定要有所设计。活动的设计，应从实际出发，既不超出本单位的实际能力，又能满足官兵的兴趣爱好。应对大、中、小型游艺项目进行总体编排布局，做到层次分明，结构合理，轻重相宜，使整个游艺活动丰富多彩，为官兵提供不同层次、不同方面的娱乐服务。

（一）时间设计

综合性游艺活动一般都安排在节日休息的某一天举办。筹备工作至少应提前半个月，游艺活动时间以 2~3 小时为宜。

（二）项目设计

游艺活动项目，可以根据部队基层的场地、有关物资设施条件以及干部战士的兴趣爱好等情况确定。设计时应注意游艺项目与本部队工作的相关性，尽量根据军兵种特点来设置项目，使官兵在游艺过程中能用上自己平时在本职工作岗位上练就的本领。设计还应注意项目的难度要适中，只有难度适中

才能调动大家活动的积极性。

三、设施准备

游艺活动内容广泛、形式各异，对活动设施的要求不尽相同。游艺活动内容和形式的多样性，决定了活动设施准备的必要性。设施准备可采用以下几种方式：

一是自己制作。可以发动官兵，根据活动需要自己动手制作器材。

二是适当购置。在经费许可的情况下可以适当购置一些设施。

三是向外借用。通过各种关系，向上级或友邻、共建单位借用一部分设施。

四是寻找替代。许多活动设施不一定按标准的搞，寻找一些替代方式也可以取得一样效果。

四、场地布置

游艺活动可用食堂、俱乐部、会议室、学习室等较大的房舍或球场、操场等为场地。各个活动项目场地之间最好毗邻相接，保持活动的整体感，也便于观赏。

主会场门口可张贴对联或横幅，室内墙壁可挂置字画或宣传标语，拉起彩带、彩练，悬挂彩灯，以增添节日喜庆气氛。

在室内场地不足的情况下，可将游艺场地设在室外。布置室外游艺地，应尽量利用自然景色和竖立物，张灯结彩、悬挂谜题，划分各类活动区域。应充分利用地面，把场地尽量安排得集中紧凑一些，并充分利用空间。如用绳索将游艺规则、项目介绍、彩色纸条（板、块）悬挂在空中，地面则可摆放游艺器材。场地上空可拉扯几缕彩带或升腾几束气球，并可安装饰彩灯或花灯。

各种游艺器材在场地安装完毕后，应认真地进行测试，保证器材用具的完备良好。

五、现场调控

综合性游艺活动现场组织要做到有条不紊，一定要搞好现场调控的主要内容有以下三个方面。

（一）落实岗位责任

各种游艺项目，都应有专人担任现场管理。工作人员应佩戴岗位标志。为保证良好的秩序，在入场口应张挂有关规则制度，各种游戏项目也都应悬挂出有关规则。应有足够的工作人员负责场地监督、秩序维持等事宜。游艺会场应设流动监管人员，负责整个活动的沟通协调、纪律纠察和安全事宜。

（二）奖品发放

游艺活动应设适当的奖品或纪念品，购置奖品应考虑获奖者的年龄、性别、游艺主题和特点等因素，使奖品具有纪念性、实用性和群众性。奖品的数量应根据参加人数、项目数量、项目内容的难易程度获胜系数等情况而定。奖品可设一、二、三等奖，其中三等奖应多于50%。

一般来说，每个游艺项目都应该设置一定的奖品，有的奖品可直接置于活动场地，有的奖品则应该统一保管，按活动中每人所得的优胜奖券核发。

（三）保证安全

用电的游艺器材应有安全用电、防止触电的个体措施。气枪、射箭等项目一般应有专门的射击室。如在室外，可设置在场地的一角紧靠墙壁，并用拉绳隔离，以防有人随意出入而遭误伤。人比较拥挤的活动场所，应有防火设备和防火的措施，要有能及时制止争执的纠察人员。野外活动，要携带医疗救治箱。

六、组织游艺活动应注意的问题

游艺活动中，应注意以下几个问题。

（一）高雅的情趣

游艺活动也有情趣高雅和低俗的区分。游艺活动的情趣同人的道德意识、审美情趣等有密切的联系。有些项目，本身无可厚非，但在娱乐目的不善的人那里，可以变成赌博的方式。部队基层组织游艺活动，必须坚持游艺活动情趣的高雅，对游艺项目要有一定的把关意识。在活动中如发现不健康或低级庸俗的苗头，应及时予以消除。

（二）和谐的气氛

游艺活动是一种游戏，虽然需要认真对待，但不能"较真上火"。应提倡互谦互让，竞争时应该提倡正大光明，发生矛盾时，以团结为重。各种比赛都应发扬"友谊第一、比赛第二"的精神，让活动在友好、谦让、和谐、热烈的气氛中顺利进行。

（三）新颖的感觉

官兵的文化娱乐需求总是变化、发展着的。组织游艺活动，也应随着官兵的需求而变。如果游艺活动总是重复几种项目，就会使人兴味索然。游艺活动的项目要不断给人新颖的感觉。新颖感可以分为以下几个方面：一是旧形式赋予新内容，比如击鼓传花唱歌，这是一个旧形式，但如果结合教育，改成击鼓传花答问题、击鼓传花提建议，官兵就会有新颖感；二是不断创造新形式，比如跑步竞赛改变成智力越野赛、知识接力赛，形式完全不同，也会有新颖感；三是不断增加新设备，随着科技发展，新的电控、光控、声控游艺设备进入军营，使部队的游艺活动进入了更高的层次，这也会给基层官兵的游艺活动带来新颖感。

第三节　基层常见游艺活动的技巧与原理

许多游艺活动的实施往往需要实施者了解一定的游艺原理，并掌握熟练的游艺技巧。下面介绍一些基层常见的游艺活动的技巧与原理。

一、小魔术

（一）纸团来去

表演者顺手从地上或桌上捡起一张小纸片，把它捏成一团，右手交给左手握住。突然左手向上一抛，说声"去"。随即张开左手，纸团真的不见了。接着，右手向上一伸，做出抓东西的姿势，说声"来"。张开右手一看，纸团真的又回到了手里。

此魔术只需准备小纸片一块，最好柔软一些。表演时，表演者用右手将纸片捏成一个小纸团，用食指和中指夹住，在做抛给左手的动作时，随着右手两个指头向掌心弯转，把纸团暗夹在拇指和食指中间后，五个指头立即伸开，同时左手虚握着拳头做出接纸团的样子。在左手向上扬起说声"去"的时候，右手的食指和中指又向里弯转挟住纸团，随后伸出向空一抓，说声"来"。打开右手，纸团便在右手中出现了。

这套魔术动作简单，全靠表演和手法的熟练。要眼随手走，在说"去"时，眼睛要看着左手扬起的方向，好象纸团真的飞起了。这样一来，就能把观众的注意力就引走了。另外，右手夹送纸团的技巧要熟练，运用自如，才能不露破绽。

（二）硬币穿木

表演者从口袋里掏出两枚一元的硬币（向观众借用效果更好），先给观众看清楚，然后表演者双手各握一枚，用硬币同时敲桌子上下两面，证明桌板没有任何"机关"。然后，用左拳在右拳上划一下，随即摊开右手，让观众看清那枚一元硬币还在手掌心里放着，接着换手同样做一遍。这时，表演者把左拳伸到桌板底下，右拳在桌面上划一个小圈，并向圈中用力一拍，只听"啪"一声，翻开右手，硬币没有了！这时将左手向观众张开展示，让观众看到两枚硬币都在左手心里。这说明右拳里的硬币，已穿过桌面落入左手里了。

此魔术需要准备一元硬币两枚，颜色、新旧要完全一样。表演者两手分

别拿着一枚硬币，在敲击桌面交代时，右手正常敲动，左手在桌板下敲过后，利用桌板的遮掩，把硬币放在大腿上，再把虚握的空拳移到桌面上来。这时，左右两手握成拳状，右手拳背向下，左手拳背向上。表演者左手在拳上划过后，右手随即张开，目的是让观众看清楚硬币的位置并没有移动。随即将右手握拢，改成左手拳背朝下，右手拳背向上，右拳从左拳上划过时轻轻一松，将硬币漏到左手里，同时右拳随即握紧，左拳立即张开交代，表示硬币仍在手中。实际上右手已成为空拳，硬币已移入左手中了，而另一枚硬币仍放在大腿上。

这套魔术虽然道具简单，现象也不复杂，但效果却非常有趣。表演者必须把握好时机，造成幻觉。态度要从容，手法应敏捷。

（三）飞钱不见

表演者取出一元硬币三枚，左手握拳，右手把三个硬币一一从左拳孔拇指与食指的缝间塞入，最后一枚硬币的一部分要留在缝外。右手张开，迅速伸到左拳外边，将硬币抓过，向空中一抛，三枚硬币立即无影无踪，张开左手交代，硬币也没有了。

准备时，需要用非常薄的牛皮，缝成一只勉强能装入三个硬币的小袋，口袋后边是圆形，前部为平口形，在小口袋尾部钉一段松紧绳，长度约一尺四寸左右。表演前，将松紧绳的尾端系在内衣胸前的纽扣上，将小口袋由左臂袖中引入，达到袖口内一寸半处。另外，准备一元硬币三枚。

表演时，表演者右手交代三枚硬币，左臂自然下垂，手指弯曲，使肩与手腕之间距离缩短，皮口袋接近袖口。暗中用中指和无名指一拔，将口袋握住，袋口向着拳孔，但不可露出拳外。右手伸到左手外边做取硬币的动作，为的是遮掩观众的目光。左手这时向前一伸，把握着的小口袋一松，口袋立即缩进袖内。这时左手做一个交出硬币动作，右手接过来向空中一抛，观众来不及细看，硬币就没有了。

（四）双绳解环

表演者拿着两根细长的线绳，向观众交代清楚后，用双股绳从许多小铁环中穿过（用小铜钱更好），把环捋到绳段的中间，再把双绳并拢打成一个单结，接着又把左右的一根单绳交叉打一个单结，这样把所有的铁环都牢固地缚到一起了。将绳的两头交给两位观众拉住，这是为说明要想解开铁环是不可能的。表演者拿出两只空茶碗，向观众交代清楚。双手各拿一碗，对准铁环，两只碗上下一扣，只听得叮叮当当地乱响，所有的小铁环，都一起落在下面的那只碗里了。将两只碗翻来倒去，每一只铁环都是完整的、散开的，观众拉着的两绳，也是完整而结实的。

表演者事先需要准备瓷质茶碗两只，直径半寸左右的小铁环十多个，两丈多长的线绳两根，事先将两根线绳中间用细线拴住，再把每条绳对折，使每根绳的两头在一边。表演者拿出线绳梳理，当理到用细线拴住的地方时，迅速地用手捏住，让观众以为这是两根普通的绳子。随即将小铁环一一穿上，并捋到绳子的中部，用双股的绳子打上一个单结，这一步是为了迷惑观众，再把两边的绳子各抽出一头来打结，这样就将每根绳子的两头又分开了。这时把绳交给观众扯牢，告诉他，千万不可松手。当把两只茶碗用力合扣时，因绳子振动，拉绳的观众会不由自觉地用力，拴着的细线就断了，所有的小铁环自然就会落下掉到碗里。这时把两根绳子分开交给观众检查，也看不出任何毛病，至于原来拴着的绳子的小线，它既短又细，是不会引起人们注意的。

（五）空筒来花

表演者拿着一个用硬纸糊成的两头通的圆筒，给观众看清纸筒里什么东西也没有，纸筒也没有任何机关秘密。然后，表演者当着观众的面将右手从圆筒中穿过去，向大家招招手，进一步向观众说明这个圆筒是空的。然后抽回右臂，突然说一声"变"，立即从圆筒中变出一把五彩缤纷的花来。

表演前要准备直径4寸左右、一尺多长的圆纸筒一个，鸡毛花一束。花枝的主干用一根稍硬的铁丝制成，一头弯曲成钩状，小枝则用细钢丝做成。将鸡毛染成花和叶的颜色，剪成花和叶的形态，并将其绑在钢丝上，钢丝也用色纸缠上。另外，用和上衣同样颜色的布缝成一个长口袋，大小以正好装

进花束为宜。表演者先用布口袋把花束套上，藏在右臂袖中，把有钩的一端朝着袖口，口袋的尾端用线固定在袖筒里。趁伸手穿过筒时，把花枝钩住筒口，抽回右臂时，花束就留在花筒里了。

（六）穿杯不破

表演者右手拿着一根筷子，左手拿着一只玻璃杯，向观众敲几下，玻璃杯发出清脆的响声。随后又把筷子伸入玻璃杯中捣一阵，发出实响，这证明了玻璃杯是完好的。表演者接着连续在玻璃杯中用筷子捣，一不小心，筷子把杯子捣穿了，急忙抽出筷子，仔细检查了一下，敲敲杯子听了听，玻璃杯还是完好如初，发出"笃笃"的响声。接着再用筷子向玻璃杯中捣了几下，筷子又穿透玻璃杯底了。最后，把筷子和玻璃杯交给观众检查，观众用筷子在杯子里捣来捣去，总是没有办法把玻璃杯底穿透。

表演前需要准备普通的玻璃杯一只，筷子一根。其实表演者并没有真的用筷子穿透玻璃杯底，而是将筷子插在玻璃杯的后面，左手的拇指和食指中间。筷子插得比杯底低一些，观众从前面看起来，就好像筷子真的穿过玻璃杯底了。

这个节目动作要敏捷熟练，表演要幽默风趣些。

（七）彩巾自结

表演者拿着一只玻璃杯当众举起，交代一下里面是空的，再用筷子伸进去拨弄几下，没有丝毫阻挡。然后从口袋里取出几条颜色不同的丝巾来，当众一条一条地塞进杯里。用一条手绢把杯子盖起来，在玻璃杯上面做一个动作，喊声"变"。揭开手绢，把丝巾从杯中取出来时，几条彩巾"自动"接上，成了一串彩巾。

要事先准备中间插有双面镜片的玻璃杯一只，最好上面刻有凹凹的花纹；将结在一起的一串彩绸巾，预先放在玻璃杯中的镜片后面；和这一串采绸巾色彩一样、大小相等、数目相间的彩色绸巾数块；大手绢一条。表演时，把玻璃杯空着的一面朝着观众，杯中的镜片便使杯子从前面看起来像是空的。表演者将彩色绸巾塞入玻璃杯后，趁着上手绢的机会，顺手将玻璃杯一转，把藏着串巾的那面朝着观众，这样，从杯中拉出的彩巾，自然是连在一起的串巾了。

（八）抖巾出水

表演者拿起桌上扣着的一只空碗，拇指托着碗底，食指和中指扣住碗边，将碗口朝着观众交代之后，将其放在桌上。然后从口袋里掏出一条手绢，拎着上面的两角，把手绢的正反面交代清楚，以示碗和手绢上确实都没有任何秘密。接着，表演者用手绢遮盖碗口，一只手将碗拿起，一只手伸入手绢的下面，抖动手绢，说声"来"，碗底上马上就有水一滴一滴地掉下来。揭开手绢一看，碗里还是空空的，什么也没有。

表演者先要准备空碗一只，手绢一条，吸饱了水的棉花球一个，并把它用橡皮膏固定在碗底。表演时，表演者在抖动手绢时，用托着碗底的手指用力挤压吸足了水的棉花球，水自然就会往下滴了。因为上面抖动着手绢，分散了观众的注意力，大家也就不会注意碗底下的秘密了。

（九）直线钓花瓶

表演者先出场，随后助手从对面跟出。表演者鞠躬后，助手拿出一只高约 18 厘米、瓶口径约 2 厘米的细劲陶瓷花瓶，和一根长约 50 厘米、直径约 5 毫米的软棉绳，递给表演者。助手用手示意，请观众看表演，然后退场。表演者把陶瓷瓶和软棉绳展示给观众，然后把绳子放入花瓶口中，之后任意摆弄几下，花瓶就被悬空钓了起来。表演者钓着花瓶走一圈，花瓶也没有掉下来。演毕，为解除观众的怀疑，表演者应再次展出绳头，证明绳头没有秘密。

这套小魔术的秘密，不在绳头上，而在花瓶里。花瓶里预先放入一只小橡皮球，比瓶口略小一些。在表演过程中，表演者一边和观众说话，一边自然地持花瓶做适当的动作，使小球滚到瓶颈处而制住绳子。这样，只要把绳子提起，花瓶就会随着悬空拎起。若要当众使绳和瓶脱离，只要在花瓶底轻拍一下，让球从瓶颈脱落，绳子便可拿出来了。

（十）剪不破的手帕

表演者从口袋里掏出一块红绸手帕，拎起中间部分，握于手中，只留着一部分露出拳外。接着，请一位同志上来剪帕。剪子一动，一小块绸布随即飘落。这时剪手帕者拾起被剪掉的小块绸子，面向观众举起，然后再递给表演者。表演者再把剪下的小块绸子展示给观众，然后把小块红绸塞进拳头里，塞好后，再拎起红绸帕两角展开，完整的红绸帕没有一点破剪处，和原来一样出现在观众眼前。

这套小魔术的秘密在于，预先在一个肉色的指套内塞着一小块红绸，再把指套戴在拇指上。当拎起红绸握在拳中时，乘机把假指套脱下，也握于拳中，再顺势将假指套中的小红绸拉出一部分，以让人随便去剪。然后把剪下的小块红绸塞入拳中，趁机将假指套戴上，再拎起红绸的两角展开，由于假指套被红绸帕一角遮住，所以观众看不出大指拇上有指套的秘密。（如果没有肉色布料做指套，也可用牛皮纸代替。）

（十一）怀中取烟

表演者来到台前，当众点燃一支香烟，猛吸两口。然后，左手握成拳头，把香烟燃着的一端往拳头里慢慢地塞进去，又用右手向左拳一拍，左拳徐徐张开后，香烟不翼而飞。接着，表演者不慌不忙地从怀中内衣口袋里取出香烟，香烟仍旧在燃着。

这套小魔术的奥妙之处在于表演者在表演之前，预先在拳中藏着一只略带锥形的金属钢笔套。还要准备一条松紧带，一端系着钢笔套，另一端顺着袖筒固定在内衣里面，燃着的香烟一插进钢笔套内，很快就熄灭了，张开拳头时（手背朝观众），钢笔套即被松紧带缩到内衣去了。

怀中的香烟，也是事先点燃藏在内衣口袋里的。衣服为什么烧不破呢？因为口袋里有一个特制的小铁盒，燃着的香烟轻轻地夹在上面。从怀中取出香烟时，只需轻轻一拨就出来了。

二、传统游戏

（一）越障碍

备 1 张桌子和 1 个乒乓球，用一段铅丝做一个圈（大小比乒乓球略小）。用细绳子缚住铅丝圈，将圈放在桌子的一端，绳子头拖在桌子的另一端，把乒乓球放在铅丝圈上面。再在桌面上的绳子下面放些障碍物（如薄的书本、薄木片、三角板等）。游戏时，参加者站在绳头的一面，用一只手捏住绳子，慢慢把乒乓球拉过来。能通过障碍而不让乒乓球落下即算获胜。

如果需要增加游戏的难度，可以增加障碍物。

（二）夹弹子

准备 5 只普通玻璃杯，每只都装上半杯水，每只杯里放入个数相同的数个玻璃弹子。再准备 5 双普通筷子和 5 只空容器（小饭碗或者小盘子）。参加此游戏者每人手拿 1 双筷子，把杯里的弹子夹起，放到空容器内。在管理员发出"开始"的口令后 1 分钟内，谁夹出的弹子多，谁就是优胜者。

应注意：比赛时，有弹子的玻璃杯和空容器之间应有一定距离（约 60 厘米）；游戏者夹起弹子后如落在外面，就得重新把弹子放入杯里，从头开始。

（三）瞎子装鼻子

在纸或厚纸板上面画一个比人头大 2 倍左右的滑稽人头像，鼻子只画上虚线。把它挂（或贴）在墙上，或者钉在木板上。然后，另用一小块厚纸板剪一个和人头像的鼻子一样大小的鼻子，涂上色彩，安上一只图钉。游戏者站在离人头像 2.5 米的地方，拿好鼻子，看准方向和位置后由管理员蒙上眼睛，走向人头像，把鼻子安到面孔上去。看谁能把鼻子安在用虚线圈出的位置（稍有误差也可算安中）上，安中者获胜。

（四）瞎子画像

拿一块小黑板，挂在离地约 1.4 米的墙上，用粉笔在黑板上画一个椭圆

形,代表人头的轮廓。游戏者拿着粉笔站在离黑板 2 米以外的位置,蒙上眼睛,走到黑板前,在上面添画五官。管理员可以发口令:先画眼睛、眉毛、耳朵,再画嘴巴、鼻子。这样比较难些。如果游戏的人多,可不限制,由游戏者自己添画。五官画得比较端正者获胜。

(五)瞎子坐椅子

在地上用粉笔画一个 2 米见方的正方形。命名四角为 A 角、B 角、C 角、D 角。以 A 角为起点,D 角为终点。在终点放一把椅子,坐的一面朝 C 角方向。游戏者蒙好眼睛站在 A 点,管理员哨声一响,游戏者向前走 5~6 步(视各人脚步大小定步数),到 B 点后向右转,到 C 点再向右转,走到 D 点后,再慢慢坐到椅子上去。能准确地坐到椅子上的就算获胜。

(六)瞎子打锣

将 1 面铜锣挂在离地 1.5 米的空中。游戏者手拿锣槌,站在离锣 5~6 米远的地方,蒙上眼睛,由管理员带他就地旋转 2 圈,再让他面对铜锣,叫他向铜锣走去,前进过程中别人不能为他提示方向。游戏者到达目标后不准先用手摸锣,一次能敲响铜锣者获胜。

(七)黑夜旅行

做 3 块木牌立在地上,各间隔 1.5 米,在牌上分别写上三个地名,如"杭州""上海""北京"。游戏者站在离木牌 10 米远的地方,看准自定的目标后,蒙上眼睛,然后在原地自转 2 圈,再朝目标走去。能在 2 分钟内准确地摸到自定的目标者,即为优胜。

(八)联想游戏

这种游戏一般以 20 人参与为宜。游戏时,大家站成一个圆圈。管理员(或一个领头者)拿 1 个球站在圆圈中央。宣布开始后,管理员一边把球扔给任意一人,一边要喊出某一物品的个别部分的名称,如翅膀(是飞机或禽鸟类的一部分）、烟囱（是工厂、轮船、火车头的一部分）、脚（是人、凳子及其他动物的一部分）等等。接球人一边接球，一边要立即说出跟管理员说的名称有关系的物品，如说飞机、工厂、鸟、老虎等。说完后再把球扔还给管理员。之后，管理员再扔给另一人，并喊出另一件物品个别部分的名称。

接球人说错，或者接住球以后稍停顿再补说物品的名称，都算失败。这时，失败者就得把手举起，暂时被停止游戏权。过一会儿，管理员又可把球扔给他，如果这次回答正确，就可继续游戏。如再连续两次说错或补说，那就要受罚（如唱歌、唱戏等）。

（九）侦察兵

游戏的人数不限。大家围成圆圈坐着或站着，两人之间应隔 0.5 米，双手背在背后，用 1 个乒乓球作为被侦察的对象。一人站在圈中央当"侦察兵"。游戏开始时，管理员可背着"侦察兵"把球交给圈中的一人，然后吹哨开始游戏。这时，乒乓球在围圈人背后手中传来传去，传球人也可不将球传出，只做假动作，接球人也可做假动作，以迷惑"侦察兵"。"侦察兵"经仔细观察，判定球在谁手中时，可指着这人喊"不许动！"。这时，被指人若球在手中，就应交出来，"侦察兵"就胜利完成任务，与拿球人互换。如"侦察兵"喊失误 3 次，就应受罚，表演一个节目。"侦察兵"每"侦察"一次的时间以 1 分钟为限。

（十）攻守战

在地上画一个直径 2 米的圆圈，圈内分散放 3~4 个石子（石子不能太小，且距圈不能太远。以圈外人伸手能拿到为限）。游戏者 3 人，圈内 1 人为守卫者，圈外 2 人为进攻者。管理员一声令下，进攻者可从各个方向去拿圈内的小石子，守卫者则不准进攻者拿，以手帕打进攻者，被手帕儿打中者即取消进攻资格。若小石子全被进攻者取走，守卫者就算失败，可罚唱歌或表演其他节目。

游戏时要注意守卫者不准越线拍人，进攻者也不准进圈取石子。

（十一）触雷

参加这个游戏的人数为 20~30 人。把他们分成人数相等的甲、乙两队。另找 1 个裁判员，坐在椅子上，在他面前画 1 个半径 2~3 米的半圆形。甲乙两队分别坐在裁判左右前方的椅子上，抽签决定由哪一队先开始游戏。若甲队中签，则甲队先定下乙队的某某人，并推 1 人到裁判那里，轻声告诉他甲队定的是乙队的某某人，然后回到原位坐好。乙队用同样方法到裁判处告诉乙队定的是甲队的某某人。若去报告的乙队队员，正好是甲队所定的人，那么，裁判等他一跨进半圆圈，就立刻喊一声"轰"，以表示这人触雷了。这时，触雷人就得退出游戏，先报的权利仍归甲队。这个游戏，一直可以进行到某队的人退出到只留 1 人为止，有剩余者的队伍即为优胜队。

（十二）观察手

组织若干人围成圆圈，由管理员指定 1 人做观察手，站在圆圈当中，暂时把他的眼睛蒙住。然后由管理员随意指定圆圈中另 1 人做，"目标"，"目标"举手让大家看清后，就把手放下。这时把观察手蒙住的眼睛打开，"目标"就领导大家做各种动作（如把左手放在头上等），其他人的动作随着"目标"动作的变化而变化，尽量使观察手无法弄清谁是"目标"。观察手则要设法捉出"目标"。允许观察手捉 2 次，如果第 2 次再捉错，就要表演节目。"目标"的动作，变化越频繁越好。

（十三）钻火柴盒比赛

此游戏由数人参加，有几个人参加游戏，就备几只空火柴盒和 5 倍于人数的黄豆粒（每人 5 粒）。比赛开始时，选 1 人当裁判。其他人都排成一列横队站在桌子前，在离每人身前 30 厘米处的桌面上放 1 个空火柴盒，并使带空洞的一头朝着自己。然后各人分 5 粒黄豆。裁判员口令下达后，参与者要迅速把 1 粒黄豆放在离火柴盒 10 厘米处（距离可事先在桌上画好标记），用食指弹动豆粒。最早把 5 粒黄豆全部弹进火柴盒的人，即为优胜者。

（十四）奇妙的接力赛

这种游戏参加的人越多越好。开始时，在地上画起点线和终点线，两线相距约 10 米，准备 4 块手帕大小的旧布。由管理员把游戏者平均分成 2 组，成纵队排在起点线前，发给第一批参赛的 2 人各 2 块布。宣布开始后，各组的第一人即把 1 块布丢向前进方向的地上，并把脚跨前一步，这样两脚交替前进。到终点线后，再同样返回起点，把布交给本组第二人，第二人也这样前进。哪个组的最后一人先到达线的终点，哪一队就为优胜者。

比赛中要注意，比赛者每一步都必须整足踩在布块上，若踩在外面就要重新踩过。在交替步子时，两脚站不稳而移动脚步者，也要从头开始。

（十五）探险家

在地上用粉笔画许多脚印，每个脚印要比鞋大些，要使左右两脚能轮流走。脚印间的距离不等，有的较近，有的较远。脚印要画 30 个左右，同时要画得很别扭，如有的需要身体扭转很大的角度，有的甚至会使身体失去平衡。参加游戏的"探险家"，身背背包（用棉毯或衣服做成背包即可），戴上太阳镜（也可不用），一步步按照脚印向前走去。走完 15 个以上脚印者算"探险"成功；走完 20 个以上脚印者算优秀"探险家"。凡是失去平衡而跌倒者、踏在脚印以外者，以及扶人者，都算失败。

（十六）投瓶

需准备酒瓶 10 只，竹筷 5 双，靠背椅 1 把。游戏时，把酒瓶分为 2 排放在靠椅后的地面上，离椅子大约 15 厘米距离，游戏者拿 10 根竹筷，站在靠背椅前面，伸手把竹筷一根根瞄准瓶口垂直投去，人不得弯腰屈腿或将手放在椅背上面。投进最多者算获胜。

（十七）捉老鼠

把 3 只脸盆并排扣在地上，用 3 根筷子分别撑住 3 只脸盆盆口。游戏者拿 3 只小皮球，当作老鼠，站在距脸盆约 3 米远的地方，将球对准筷子投去（不

能滚），能把脸盆击倒，并使两只以上的小皮球扣进脸盆里者获胜。

（十八）抛球进杯

在桌子上并排放 3 只玻璃杯，与游戏者成一直行。在距桌子 1 米远的地方，画 1 条横线，游戏者站在横线后面，拿 5 只乒乓球、1 块球拍。游戏时，像打乒乓球一样，左手把球抛起，右手用球拍把球向桌上的杯子打去，目的是把乒乓球打进桌上的玻璃杯里。打进 3 个球者就算得胜。这个游戏也可以几个人一起比赛。每人可拍 1~3 次（每次 5 个球），拍进一个球得 3 分。如果是球在桌上跳起再进玻璃杯的，算 2 分。最后计总分，以得分多少来排定名次。

（十九）投球进桶

在场上画 1 条起掷线，在线前 6 米的地方，并排放 3 只小木桶（或小竹筐）。间隔 2 米，把游戏者分成人数相等的三队，排成纵队面对小桶并站在起掷线后面，各队第一人拿 1 个小皮球。

宣布游戏开始后，各队第一人用球对准前面的桶投掷，投中的得 1 分。球投出后，投球人要立刻跑去把球取回交给本队第二人继续投。如果没有投中，也要迅速跑去拾起球，触碰一下自己的桶，再跑回把球交给第二人。每队队员依次投掷。投完后，以得分多的队为优胜。

（二十）球击靶子

在离地 1.25 米高的墙上，平行画 2 个直径 1.5 米的圆圈（两圈间距 1.5 米）当作靶子。

游戏者 1 人做守卫员站在 2 个圆圈旁边。在离墙 6~7 米的地方画 1 条横线，其他的游戏者站在线外。另外，再备一只足球或排球（旧的）。游戏开始前，由管理员把球交给游戏者。游戏开始后，游戏者用手投球或用脚踢球，努力使球击中 2 个圆圈之一，但不得越过界线投或踢球。守卫员要掩护靶子，担负类似足球守门员的任务。击中靶子一次，守卫员就算输 1 分。输到 3 分，守卫员的位置就要让给最后一次击中靶子的人。击靶人可以互相轮流用球击靶。

三、电动游戏

（一）孔雀开屏

游戏者将球投向孔雀叼着的花篮内。投中后，孔雀便开屏，自动转身，发出叫声。原理是，孔雀开屏和自体转动，均用气体做动力，电磁阀做开关。

（二）戴红花

游戏者戴遮光眼镜，手持红纸花，触碰图板上的梅花图案。碰中后，铃响灯亮。原理是，梅花图案后面装有一个微动开关，此开关可将电池与铃接通。

（三）发射卫星

游戏者用小汽枪射击指定目标，射中后，卫星转动。

原理是，指定目标后面装有一个微动开关，射中后，玩具电动的电路接通，卫星开始转动。

（四）狩猎

游戏者用小汽枪射击走动的野兽靶。射中后，野兽倒下，蜂鸣器响。原理是，直流电机通过线带拉着野兽走动，电机速度可调。射中后，野兽倒在铜丝上，使蜂鸣器、电池、野兽组成回路，触发蜂鸣器。

（五）喂熊猫

将游戏者的眼睛用布蒙住，将竹笋（玩具）送进熊猫（玩具）嘴里，如能准确送入，电铃响即为成功。

原理是，熊猫嘴里装有微动开关，将竹笋送进熊猫玩具嘴里之后使电池与电铃组成的回路接通。

（六）捉狼

在一块 60 厘米 ×100 厘米的木板上，画一只狼的头像，狼头张着大嘴，吐着舌头，面目狰狞。在狼的两只眼睛里各装上一个手电筒用的绿色小灯泡。

用两根较粗的铜丝，每根直径约 6 毫米，1 条弯成蛇形，1 条弯成"?"型，插在狼头的两侧，穿透木板。木板背面装上电池，电池一端与 2 只灯泡接通，并通往左右 2 条铜丝。电池的另一端引线接连单股的电灯线和铜丝。铜丝的末端弯成套圈。套圈前面安木把。游戏者手持木把用套圈在狼头旁边的蛇形和问号型铜丝上套进退出，不能碰上铜丝，否则接通电路，狼眼就亮了。

（七）转动套圈

站在限定的距离外，用套圈套上正在转动的小动物。原理是，利用电动机和变速装置实现小的动物的转动效果。

（八）驱猴上树

游戏者站在 2 米开外，用小布包投掷猴子，投中后，猴子从树下爬到树上。

原理是，猴子后边有开关，投中后，此开关使小电机拉动猴子上树，猴子到达树顶后，又碰另一开关，使电机倒转，猴子便下树。

（九）百花齐放

游戏者用木杆将木球或磁球打入前方的洞口内。球进后"百花齐放"四字闪闪发亮，中间花盘旋转。原理是，洞内微动开关受球压后，接通电路，使电机转动，灯亮，复位由时间继电器控制。

（十）迎新春

在木架上挂 6 只彩灯，灯内装有电灯泡。在木架前面放一只木箱，箱底装有 2 块铜片。箱子前面开 1 个比皮球稍大的圆洞，洞里装 1 块活动木板，木板后面装 1 个铜片。在木架后面装 1 只（6~8r）低压方闸，方闸上的一根引线与各电灯泡连接，另一根引线接往木箱底部的铜钉。木箱底部的另 1 个铜片接引线与各电灯泡连接。方闸上的另 2 根引线与电源接通。

如条件许可，木架后面还可以装电铃，铃与方闸上的引线以及铜钉相接。

参加游艺的人站在离木箱 2 米远的地方，用皮球掷向木箱上的圆洞。当皮球掷进圆洞时，圆洞内的木板向里倒下，板后的铜片压在箱底的铜钉上（木板要装得稍重些),几个电灯泡就亮了起来,电铃也响了起来。每人可投 3 个球,投中 1 次,便可得奖。

四、猜谜

猜谜是一项健康有益的文化活动。它既有助于智力的锻炼,又能使人们开阔眼界,增长知识,是部队在节假日游艺活动中不可缺少的内容。

猜谜活动在我国有着悠久的历史。古代称谜为"瘦辞"。"瘦"是"隐"的意思,"瘦辞"就是"隐语",也就是现在的"谜"。据记载早在战国、西汉时就有了隐语。三国时的曹操和他手下的谋士杨修都是制谜、猜谜的能手。我国的许多文学作品中都有猜谜的章节,在戏剧中也都有猜谜活动。

猜谜活动经过长期的发展演变,在民间流传的儿童谜,现在一般称为谜语。谜语的语言生动,艺术形象逼真,一则谜语犹如一首动听的儿歌。一部分根据我国汉字一字多义、一字多音以及字形的特点进行多种变化制成的文字谜,称为灯谜。下面介绍谜体、谜格等一些猜谜方面的基本知识。

(一)谜体

猜谜是通过联想、分析、综合、归纳去求得符合谜面的答案的活动。各种谜都有自己的规律,谜面与谜底之间有其内在的联系,一般称这种关系为谜体。谜体的扣合关系,是根据我国汉字固有的字音、字义、字形的特点而确立的。归纳起来,可分为五种。

1. 会意体

这种体是灯谜中最常见的,也是变化最丰富的谜体。它是通过对谜面含义的分析、解释去求得谜底的。会意体在扣合上大致又分为五种类型。

(1)正扣类。通过对谜面进行正面的会意方法去猜谜,例如,五四大联欢(猜一歌曲)——年轻的朋友来相会。因为"五四"运动的参加者都是青年朋友。所以,这条谜从正面会意很容易就得出答案。

(2)反扣类。就是从谜面的反面去猜谜。如,穿心(猜一成语)——不着

边际。

（3）侧扣类。就是从谜面的侧面去会意，进行陪衬烘托以求出谜底。如，乐池（猜一江苏名胜）——莫愁湖。

（4）分扣类。就是将完整的谜面进行分割后来分扣谜底。例如，庄稼人（猜一字）——町。庄稼和人分开，以庄稼扣田，人扣丁，谜底的"町"字就出来了。

（5）假借类，也叫别解法。就是利用汉字一字多义多解的特点进行别解。换句话说就是不用谜面本义去扣合谜底，而是从字的另一种含义去扣合。这是一种既特殊又有趣味的会意体。如，八音钟（猜一艺术形式）——表演唱。谜面是指一种钟表式的玩具上足发条后，一启动就发出悦耳的乐曲声。把八音钟发出的乐曲声说成"表"在演唱。表是一种轻工业品，这里别解为表情，谜底就成了我们熟知的文艺演出中的表演唱。这种用假借别解的方法制成的谜是比较难猜的。

2. 离合体

这种体是将谜面进行分开或者合拼以推出谜底。如，品（猜一现代词语）——对夫妇只生一个孩子。"品"字分开是三个"口"字，意解成一家三口人，从而扣合谜面。

3. 谐合体

这种体的谜底是用谐音字代替，以扣合谜面含义。如，仲（猜一成语）——与众不同。谜底指出"仲"虽与"众"音同，但字形、字义不同。

4. 增损体

这种谜体是对谜面的某些字增加一部分或减少一部分去求得谜底。如，差一点就没治了（猜一字）——冶。"治"减去偏旁中的其中一点就是"冶"字。又如，多一点就好了（猜一字）——艮。"艮"字加一点是"良"字，良是好的意思。又如，猜着一半（猜一字）——睛。睛是"猜"字的"青"字部分和"着"字"目"字部分。所以是"猜"和"着"每个字去一半，留一半。

5. 象形体

这种谜具有浓厚的图画意味。猜这种谜要着眼于字的造型。如两株幼苗（猜一电影）——丫丫。这是用"丫"字的象形如同刚出土的幼苗而成谜的。

（二）谜格

谜有自己的规律，称为谜的格式、格局。谜格是对谜底词句进行重新组合调整的一种手法，使"面"和"底"更巧妙、更严谨地扣合起来。

谜面带格既是给猜谜者缩小猜的范围，指出该谜制成手法，同时也是在制谜过程中处理谜底对谜面的一种障碍手段。

一条谜是否需要设格，应根据谜面和谜底之间的关系而定。要看谜面和谜底是否扣合紧密，如扣合不严就要对谜底进行加工，以达到适合谜面的含义。加工的结果就是设立谜格。

谜格的加工手段是根据我国汉字的字音、字义、字形以及词的顺序进行改变的。这种变化是：有的将音进行变读，有的将字进行分拆，有的将位置进行调换。通过调整重新组合后的谜底，使谜的原义发生新的变化，从而达到和谜面相扣合的目的。谜格的种类很多，这里只介绍几种常见的谜格。

1.破棉格

也称作破金格，谜底由两个字以上的词句组成。谜底的字分开，但不居上下左右。分开后，读起来全句贯通，能扣合谜面即可。如，众口一词（猜一邮电品）——信筒。"信"字可分成"人"和"言"两字；"筒"字可分为"个""同"三个字，连起来则为"人言个个同力"，即扣合谜面"众口一词"了。

2.中分格

也称断锦格。是将谜底上下分开，分两字读，全句贯通后扣合谜面。如，好天气约会（猜一气象词）——无霜期。谜底中间的"霜"字上下分成雨和相两字，读成"无雨相期"。无雨是好天气，相期是约会，这就面底扣合了。

3.虾须格

谜底的头一个字左右分开读，如同虾的头须一样。如，大搞建房（猜《水浒传》一人名）——杜兴。谜底头一个字"杜"，分成"木"和"土"两个字，连起来读，就是"土木兴"，即扣合谜面了。

4. 燕尾格

将谜底最后一个字左右分开，当作两字来读，全句贯通扣合谜面之义。如，十五讲酷暑（猜一杂志）——半月谈。谜底的"谈"字分成"言"和"炎"两字就成了"半月言炎"。以"十五"扣"半月"，以酷暑扣"言炎"，即面底扣合了。

（三）猜谜制谜规则

猜谜制谜应注意以下规则：

①谜面上的文字，一般在谜底上不出现。

②谜面没有标明格的谜，一般是会意法、增损法和象形法制的谜。谜上有格必须根据格的规范去猜。

③谜面一般是没有或少有闲字夹在其中的。谜面、谜底扣一字以上必须是词或句子。谜底应是常见的通俗内容，而且只能有一个准确的答案，不应有似是而非、可此可彼的多种解释。

（四）灯谜的创作和谜会的组织

1. 内容的选择

一般应因对象制宜。灯谜内容的选择要依参加游艺者的年龄、文化程度及专业而定，要深浅适宜。内容太深，难度太大，屡猜不中，就会失去兴味；内容太浅，一目了然，也是味同嚼蜡。一般猜中率在80%左右为宜。

2. 内容丰富

选择灯谜时，既要考虑到部队特点，选择游艺者比较熟悉的内容，又要取材全面，适合各种人的口味，才不致给人单调无味的感觉。

3. 因时制宜突出中心

灯谜既是文化活动，又是一种很好的宣传教育工具，所以灯谜的选择要有时间特点。如在大力开展文明礼貌活动中举办灯谜会，就要多选些有关"四美"方面的谜；在"五四"青年节时举办灯谜会，可以选一些革命传统、英雄人物方面的谜；国庆、新年的灯谜会又可以选一些有关建设成就、文化历史等方面的谜。

4. 谜条的美化制作

谜条是整个猜谜会的主体。它除了作为提示群众猜射的谜目，还是一种展品。所以，谜条的形状、安排、美化都是比较讲究的。

（1）谜条的大小及材料。谜条一般长 80 厘米，宽 14 厘米。谜条的上方留 4 厘米空白，做悬挂在绳索上的折边。谜条要剪裁整齐。谜条用纸以浅而明亮的色彩为宜。可以几种颜色混用，也可以在一色的大黄纸谜条下方贴上另几种颜色的花边作穗。长期搞灯谜活动的地方，为了节约，也可以利用一些三合板、纤维板，将其制成各种尺寸的谜条，涂上颜色后再用白色书写。用完擦洗一遍之后还能再用。

（2）文字。文字位置安排要得体，既不能太靠上，也不能太靠下，最好距条头 10 厘米。字体大小要因字的多少而定。字要书写整齐，切忌错别字。最好请善长书法的人写，使条面美观，收效更好。

（3）编号。谜条编号，供猜谜者在猜中后，到对谜处去核对答案使用。编号可以直接写在谜条上，一般写在条的下端为宜。也可以用各种颜色的纸剪成各种形态，写上编号，贴在谜条下方。

5. 对谜

灯谜会要设对谜处。为了避免排长队，可采用分区方式，按谜的种类或条数分设对谜处。对谜处事先要将答案写在纸上，猜谜者猜中后，将其答案贴在猜中的谜条下面。同时，还要用一张纸将核对的谜号写出，猜中的就在号上划个圈。这项工作事先应做好准备，准备得越细越好。

6. 奖品

猜对者应有奖品，适当的纪念品可以增加猜谜者的兴趣。若是在奖品上盖有"猜谜纪念"字样，那就更有意义了。奖品的颁发可采用不同的办法。一种是根据谜条难度将谜分成数等，按等发奖。一种是谜不分等，而奖品分等，按奖票多少领奖。猜谜者猜中得多，奖票也多，就可以根据自己的喜好领奖。一般大的联欢会会同时举办各种游戏活动，因此用这种办法为佳。

7.会场的布置

会场要根据具体环境进行布置。室内场地较大可以设谜区。若场地较小，可将谜条设置在走廊或墙的四周。室外可以在藤萝架下、草坪周围的树木之间拉上绳索，再装上灯光即可。谜条之间应相距10厘米，不可连排。谜条高度以条的下端不碰头为宜。会场布置关系到整个活动的气氛。灯谜会要有我国民俗风情，特别是节日更应挂些灯笼、彩纸条，给人以轻松愉快的感觉。谜底答案在猜中后可由工作人员贴在号上。

实例鉴赏：基层游艺活动

×××团新春游园活动

> 主持人甲：尊敬的各位首长、亲爱的战友们……
>
> 主持人合：春节好！
>
> 主持人乙：欢庆的锣鼓敲出我们心中的喜悦，热闹的鞭炮带给我们新春的祝福。今天我们全团官兵在此欢聚一堂，共同庆祝我们中华民族传统的节日——春节。心潮澎湃、热血沸腾。下面，首先请×××团长致新年贺词，大家欢迎！

团长致新年贺词：

> 同志们：
>
> 在这喜悦的时刻，我们全体官兵在此欢聚一堂，隆重庆祝这具有历史意义的美好节日。在此我表团党委、机关及我个人给在坐的各位战友拜年！向你们并通过你们向远在家乡的父母、兄妹、亲朋好友致以亲切

的节日问候和良好的新春祝福!

历史车轮滚滚向前，社会进步日新月异。过去的一年中，经过全团官兵的不懈努力、扎实工作，部队全面建设顺利发展，取得了令人欣慰的成绩。无论在军事训练、政治工作，还是后勤保障等方面皆高标准地完成了年度工作计划。特别是在高科技练兵和装备技术大比武中，我团涌现出了一大批典型个人和先进连队，多次受到上级机关和领导的好评，为加强团队全面建设、提高部队战斗力做出了比较突出的贡献。

未来是美好的，但在期盼美好生活的同时，始终不应忘记我们自己肩负的历史重任。新阶段，各项建设任重而道远，这些皆需要我们这辈人来努力完成，力求早日实现祖国人民的共同目标。同志们，在新的一年里，我们要紧密团结在党中央周围，扎实自身思想素质建设、更新观念、严格施训，以确保部队在信息化条件下的实战能力、科技水平迅速提高、增强。希望全团官兵团结互助，开拓进取，共同铸就我们社会主义建设的钢铁长城，力创团队建设再上新台阶。

最后，祝同志们新春愉快、工作顺利、身体健康，并预祝今天的庆新春游园活动圆满成功。谢谢!

主持人甲：刚才×××团长的一番话语，对我们过去一年的工作进行了系统的总结，也为我们今年的工作提出了新的要求和希望，相信我门全团官兵在团领导的正确指引下，定会不断努力，为×××团的全面建设再立新功。

主持人乙：接下来，有请×××政委为今天的游园活动宣布开始，请!

×××政委宣布游园活动开始（鸣炮）

主持人甲：一曲动人的曲子，加上我们新同志们的优美舞姿，跳出了我团官兵的风彩，同时也为今天的文艺活动拉开了序幕。每一名共和

国士兵，都曾有一位自己十分熟悉的班长，我们对他们的印象是那么的深，情谊是那么的纯，下面您将要欣赏到的节目是来自新兵四连的相声《我的老班长》，请欣赏……

主持人乙：接下来表演的是来自新兵三连的小品《传统问题》。

主持人甲：请欣赏相声《士气》，表演者新兵一连×××。

主持人乙：接下来表演的节目是来自二营六连的音乐小品《喝早茶》，请欣赏。

主持人甲：都说我们军人的生活苦，过得单调、清贫，其实我们在军营的生活是那么的多姿多彩。下面，将要向观众献上的节目是来自我们身边的战友特地为大家亲手创作的作品——群口相声《酸、甜、苦、辣、咸》……

主持人甲：多少年的风风雨雨，多少辈的不懈追求，我为身穿的绿色军装而自豪，也为我是一名共和国士兵而荣耀。我们深信，社会不断向前迈进，但永远不变的是我们深深扎根这片热土的军魂！最后请欣赏，女声独唱《走进新时代》。

主持人合：文艺演出到此结束。

主持人乙：下面将要进行的是游园活动，现在请政治部×××主任对游园活动作指示，大家欢迎！

×××主任指示毕，游园开始。

附：游园实施计划表

表 3-4-10

序号	项目	规则	设置要求	负责人	工作人员	备注
1	一鸣惊人	游戏者手拿锣槌，站在离锣5~6米远的地方，蒙上眼睛，由管理员带他就地旋转两圈，再让他面对铜锣，叫他向目标走去，前进过程中别人不能为他提示方向。游戏者到达目标后不准先用手摸铜锣，一次能敲响铜锣者就算优胜。	锣、槌、毛巾各5个，桌、椅子各2张	×××	×××分队干部1名，士官2名	用铜锣一面，将其挂在离地1.5米的空中。锣、槌、桌椅自备
2	隔墙投准	隔着屏风将沙袋投入纸箱	屏风、沙袋、纸箱各3个	×××	×××分队干部1名，士官2名	自备黑板、纸箱、沙袋
3	羽毛球投远	投球8米外者获奖	5个羽毛球	×××	×××分队干部1名，士官2名	
4	猜谜	将猜中的答案报工作人员，经认同后生效并注销，不得私自将谜面条幅撕下	红、蓝、黄、绿等各色彩纸若干，谜面800条	×××	×××分队干部1名，士官2名	
5	"森林"旅行	站在离"森林"1.5米处，蒙眼穿过"森林"无碰杆者获奖	设置3条S形通道，每条用8根竹竿；毛巾3条	×××	×××分队干部1名，士官2名	自备竹竿、毛巾

续表

序号	项目	规则	设置要求	负责人	工作人员	备注
6	呼啦圈	连续扭呼啦圈1分钟	呼啦圈4个	×××	×××分队干部1名，士官2名	自备秒表2块
7	慢车行	距离30米，60秒内车不过线、人不落地	1米宽车道3条，自行车3辆，自备秒表2块	×××	×××分队干部1名，士官2名	
8	托球走	手持球拍托乒乓球，10秒内往返15米，球不落地	5个球拍，5个乒乓球，10根竹竿	×××	×××分队干部1名，士官2名	
9	滚轮胎	距离50米，20秒内轮胎不倒地且过线	141轮胎每车道各3个（条），自备秒表3块	×××	×××分队干部1名，士官2名	
10	双人传球	两人自行搭配，背靠背20秒内传球30米，禁止有手握球	篮球5个	×××	×××分队干部1名，士官2名	自备秒表2块
11	单脚跳比远	规定原地				
12	稳坐江山	游戏者蒙好眼睛站在A点，工作人员哨声一响，游戏者向前走5~6步（视各人脚步大小定步数），到B点后向右转，到C点再向右转，奏到D点后，再慢慢坐到椅子上去，能准确地坐到椅子上的就算获胜	3把椅子，3条毛巾	×××	×××分队干部1名，士官3名	在地上用粉笔画一个2米见方的正方形。以A角为起点，D角为终点。在终点放一把椅子，坐的一面朝C角方向。

续表

序号	项目	规则	设置要求	负责人	工作人员	备注
13	绑腿赛跑	2人一起绑住各大自1条腿，10秒内跑出30米	腰带3条，2米宽30米常跑道3条，自备秒表2块	×××	×××分队干部1名，士官2名	
14	太公钓鱼	将系在绳子上的竹筷放入啤酒瓶内	啤酒瓶子，3米竹竿10根，线长1.5米并系上筷子	×××	×××分队干部1名，士官2名	
15	跳绳	30秒内跳完40个	跳绳5根，秒表一块	×××	×××分队干部1名，士官3名	
16	捞元宵	手持汤匙，30秒内捞取10个元宵（乒乓球）放到指定脸盆	30个乒乓球，3个小汤匙，6各脸盆	×××	×××分队干部1名，士官3名	
17	越障碍	参加者站在绳头的一端，用手捏住绳子，慢慢把乒乓球拉过来。要能通过障碍而不使乒乓球落下即算获胜。	5张桌子，乒乓球若干，铁丝，绳子，障碍物品	×××	×××分队干部1名、士官5名	备1张桌子和1只乒乓拍、用铁丝做圈（大小比乒乓球略小），用细绳子缚住铁丝圈，将圈放在桌子的一端，绳子头托在桌子的另一端，把乒乓球放在铅丝圈上面，再在桌面上的绳子下面放些障碍物（如薄的书本、木片、三角板）

序号	项目	规则	设置要求	负责人	工作人员	备注
18	画龙点睛	游戏者拿着粉笔站在离黑板2米以外，蒙上眼睛，走到黑板前，在上面按工作人员要求点中五官之一	粉笔若干，黑板1副	×××	×××分队干部1名、士官3名	把小黑板挂在离地约1.4米的墙上，用粉笔在黑板上画1个椭圆形，代表人头的轮廓
19	乒乓球投准	距离3米将球投入盆内，5球3中	脸盆3个，15个乒乓球	×××	×××分队干部1名、士官3名	
20	投篮	在罚球线投篮10中8以上	篮球4个	×××	×××分队干部1名、士官3名	
21	飞镖	距离4米扔筷子穿过靶心	筷子若干，木板1块（上置胸环靶，靶心掏空）	×××	×××分队干部1名、士官3名	
备注	1.需消耗器材由政治处保障，其他器材由负责人单位负责解决； 2.本项目的责任人负责组织活动全过程； 3.机关干部要具体协调指导，负责发放奖券，分队干部、士官严格按规则组织实施； 4.工作人员应公正公平，确保活动顺利进行。					

第四章

基层影视活动的组织方法与技巧

基层影视活动，作为基层审美教育活动的重要组成部分，随着现代影视技术的发展而开展得越来越普遍，并受广大基层官兵的一致欢迎。当前巨大的影视片产量也为广大基层官兵提供了源源不断的"精神食粮"，而如何使官兵在观影过程中分清良莠，在观影体验中受到教育，这对基层组织开展影视活动提出了较高要求。

第一节　影视艺术常识

电影电视，是人类文化发达与科学技术进步相结合的一种现代综合艺术。它是用摄影（像）机将人物和各种被摄物的活动影像摄于胶片、存储盘，配以音响，制成放映拷贝，通过放映机投射到银幕（或电视台传递到银屏）上，供人们观赏的艺术门类。

作为意识形态的艺术是由客观物质决定的，是一定社会经济基础的上层建筑。艺术是为社会生活服务的，都有自己的社会功能。影视艺术作为一种现代化的综合艺术，也有着多方面不可忽视的功能。

1. 娱乐功能

影视的认识、教育和审美等功能都是以娱乐功能为前提的。人们观赏影

视的一个重要目的就是娱乐。人们通过健康的影视形式和内容消除疲劳，获得精神上的享受，这正是娱乐性的作用所在。健康的娱乐性能增强影片的思想内容，起到引人深思的艺术效果。如电影《天下无贼》幽默的语言，电视剧《马大帅》那富于喜剧的表演，都能程度不同地让观众悲而喜、喜而悲，其强大的艺术感染力在潜移默化中净化观众的心灵，增强影视艺术作品的效果。

2. 教育功能

任何艺术作品都注重社会效益，更注重教育作用。

希腊著名的文艺理论家亚里士多德，很早就提出了文艺可以净化人们心灵的观点。先秦时期孔子提出诗歌具有"兴、观、群、怨"等多种功能。任何艺术在其创作过程中都是有目的的，艺术家同时也是教育家。艺术作品真实地描写现实生活和社会变革，深刻地表达人民的感情、思想、心理和意向。

当然，强调影视的教育作用，不是提倡干巴巴的说教。要用生动细腻的手法、耐人寻味的情节和丰富多彩的画面来感染观众，使人们在观看中不知不觉地受到潜移默化的教育。如果不是这样，就达不到教育的作用，同时也失去了影视艺术自身的价值。新时期的影视质量和数量不断提高，为教育部队提高广大官兵文化和政治素质，为精神文明建设和培育新人，起到了不可估量的作用。正如基层战士说的那样，电影电视是"银屏的指导员"，是"形象的百科全书"。

3. 信息功能

信息就是社会共同享用的人类的知识、学问、消息的总和，具有可扩充性、可压缩性、可代替性、可传输性、可扩散性、可分享性等特点。电影电视作品的信息功能是通过影响观众的情绪心理、知识和智力等方面实现的，它传播着社会发展和科技领域最新的消息。

电影电视反映思想内容非常及时。特别是电视节目，大到国际动态，小到寻常人家，都可及时提供信息。如"5·12"汶川大地震这一重大事件，就是通过电视这种特殊形式及时传播到全世界的。现代的影视节目，涉及的范围更广，充分地体现了信息量大的特点，及时地提供给观众新的社会动态、社会问题和社会思潮，及时给观众提出新的思想，及时地传播知识。在信息时代，电影电视这一艺术形式充当了其他艺术形式无法比拟的重要角色，越来越受到人们的重视。

4.审美功能

影视的美是多种多样的，有性格美、伦理美、人情美和意境美等。如电影《红色娘子军》，一开始接连两个特写镜头，突出了主人公吴琼花的倔强、勇敢和不折不挠的性格，体现了中国劳动妇女反抗压迫的性格美。又如电影《林则徐》中的一段令人难忘的场景：禁烟取得了重大胜利，由于投降派的挑拨离间，邓廷桢奉调远行，林则徐与他江边握别，然后随蜿蜒的城垣拾级而上，凝目远眺，直到邓廷桢的身影消逝在天边。这种充满诗情画意的意境美产生了很好的艺术效果。影视的审美功能能给人以启示，影响人的情感，对人的情操陶冶等方面都具有十分重要的意义。随着影视艺术的发展繁荣，观众的审美能力必将得到不断的提高。

第二节　影视艺术的鉴赏方法与技巧

影视艺术鉴赏，是指人们在观看影视艺术作品时产生的一种精神活动和认识活动。它是以镜头为媒介，通过塑造鲜明生动的人物形象，展现丰富的社会生活场景，作用于观众的感官，引起人们的爱憎、悲喜、同情或反感，从而使观众在潜移默化中受到感染、启发和教育的过程。观众可以根据自己的生活体验、思想水平和艺术修养，对影视艺术作品做出或褒或贬的评价。

一、影视鉴赏的特点

影视艺术的鉴赏，是一种创造性的思维活动。银屏上成功的艺术形象、感

人的生动画面，会把观众带进一个生动的、具体的艺术境界中去，使观众产生这样那样的联想，受到这样那样的感染，因而影视艺术的鉴赏实际上是艺术家与观众之间思想和感情的交流。

（一）鉴赏是创造过程

作者的创作内容越真实越深刻，艺术形式越新颖越完美，影视片就越能感染观众和吸引观众。鉴赏者常常在艺术家创作的基础上，进行情趣体验，对艺术作品进行充实和补充。观众的生活经验越丰富，文化修养越高，知识功底越厚实，鉴赏的水平就越高。例如，同是观看影片《汤姆叔叔的小屋》，大学生注意对其主题现实意义的理解，并着重于汤姆觉醒过程的分析；初中生则偏爱小女孩伊娃的形象；中年妇女则同情黑奴卡西的悲惨遭遇。这些鉴赏效果的差异性，主要是由鉴赏者的主观差异性造成的。

（二）鉴赏是认识实现

以银幕和荧屏提供的形象为依据，通过观众的视觉、听觉接触到银幕（荧屏）上活生生的生活画面、艺术形象而产生感觉，随着感觉材料的增加和综合，逐渐渗进鉴赏者的体验、感情和愿望，于是，一个较为完整的知觉形象就产生了。受到视觉形象的激发，鉴赏者会根据自身的经历、艺术修养，展开想象和联想的翅膀，对银幕的艺术加以丰富和补充，经过感知、知觉和想象等阶段，从而做出判断。然而，影视艺术的鉴赏不能只停留在直观视觉的阶段，还要经过反复多次的观看和思索才能使认识深化，由感性认识上升到理性认识，从而更好地体会影视艺术家在银屏、屏幕形象和景物中寄托的思想和感情，真正把握剧情中的人物性格特征、典型意义以及主题思想。

（三）鉴赏是心灵共鸣

在影视艺术的鉴赏过程中，观众会不知不觉地被银幕和荧屏上的形象吸引，使自己置身于影片和电视剧描绘的天地之中，产生感情和思想上的共鸣。部队在组织影视艺术欣赏时，应注意对共鸣积极作用的引导和发挥，而对共鸣的消极作用要加以防止和消除，从而使影视鉴赏活动达到应有的效果。

二、影视鉴赏的技巧

影视鉴赏，不管是有意识还是无意识，总是包含着对影视的技巧鉴赏。影视的技巧鉴赏，可以从以下这些角度来进行。

（一）序幕

影视剧开始的片头中有一段精采的"短戏"或片断，这就是影视的序幕。序幕大体可以分为两类：一类是交代性质的；另一类是表现性质的。其内容大多数与影视片的故事和人物直接有关。一般通过画面和音响的有机组合来介绍背景，点明题目；也可以提出问题，制造悬念，为影片故事情节的发展埋下伏笔，激起观众的兴趣。一般电影的序幕往往会有一些表现主人公的特写，从这些特写镜头中可以总体地领略整个影片的人物、时代、风格等等。

（二）悬念

悬念在影视作品中占有重要地位。悬念的类型很多，有贯穿全剧的总悬念，也有贯穿局部的悬念。它能引起人们的急切期待和欲知结果的心理。悬念能增加作品情节的生动性，引导观众出没于剧情的峰回路转之中，并始终兴趣盎然。它造成矛盾冲突，给观众心中留下问号；也可激发观众预知结果的兴趣；它还可以造成一波未平一波又起的剧情发展趋势。优秀的作品情节跌宕起伏，有助于刻画人物、突出主题。

（三）巧合

揭示人物性格的剧情中，巧合也是影视作品常用的技巧。人们常说"无巧不成书"。影视艺术由于受到拷贝长度及放映时间的限制，合理运用巧合手法，对于迅速展开矛盾冲突、集中凝炼故事情节、避免枝蔓芜杂都是大有神益的。富有艺术魅力的"巧合"总是出乎众意料之外，合乎事物情理之中。它以这种偶然形式来揭示生活的必然规律，以其哲理性的内涵来激发观众的兴

趣。如影片《魂断蓝桥》中的一次空袭警报,使两个素不相识的人在避难时相遇。这种偶然性成为这部作品悲剧情节的基础。

(四)反复

影视艺术中的"反复",一般是某一种事物表面形式的重复。具体物件、人物语言、人物动作、场面调度、环境背景、镜头景别和镜头角度的反复,能够强调导演在影片中的某一意念,从而表明事物内在变化。这种种"反复",有的能提出某种暗示、象征、隐喻,引起观众的联想;有的能贯穿全剧,深化戏剧冲突,增强戏剧性效果;有的能渲染气氛,让观众"入戏"。重复能使人产生一种时光再现的亲切感觉,有助于主题思想的揭示、人物形象的刻画和结构的完整。

(五)对比

对比也是影视艺术广泛采用的一种表现手法。它是把相反的内容辩证地统一在一起加以表现,使相反的内容能更鲜明地显示各自特点,也使事物发展的复杂性和人物性格的复杂性表现得更完美和深刻。比较能使影视作品的情节发展变化。影视艺术常用的对比有场景气氛对比、人物情节对比、光影对比、色彩对比、节奏对比和镜头对比等等,其中以人物的对比最为常见,它有利于表现人物性格的多重性、复杂性,有利于观众去认识银幕上的各种人物形象。

当然,电影电视远不止有上所述的表现技巧。如,"穿插"可以使剧情更复杂和曲折;"虚写"可以暗示人们去想象;"细节"可以更鲜明地刻画主题思想等等。随着时代的发展,人们还可以创造更多的表现技巧来丰富影视艺术的创作。

三、影视鉴赏的方法

电影电视的鉴赏是一种创造性的思维活动,在组织部队开展鉴赏活动时,要注意把握以下几点。

（一）坚持正确的思想引导

影视活动在部队开展得最为经常，影视内容对人的影响又更为直接，因此，要不失时机地利用影视这种形式达到教育广大官兵的目的。部队播放的影片大多数是上级配发的，内容方面总体上比较健康。电视节目，特别是一些录像片，渠道较广，有些是不适宜部队观看的，这就需要各级部门和领导严格把关，正确引导。

（二）组织规范的欣赏实践

提高欣赏水平最根本的途径就是多看。在组织部队观看影视时要有目的地向广大官兵介绍一些影视的基本知识：了解作品写的是什么（包括题材和主题）；怎样拍摄的（艺术的手法、美学追求、人物处理等）；拍得怎么样（艺术效果与社会效果等）。让他们带着问题去观看、思索、品味、体验，从而在总体上把握影视作品的思想性和艺术性。只有多看杰作，才能扩大眼界，增长知识，积累欣赏经验，提高欣赏水平。才能从"看热闹"的外行，变成"看门道"的内行。

（三）树立健康向上的审美观

高尔基说："照天性来说，人人都是艺术家。他无论在什么地方，总是希望把美带到他的生活中去。"影视欣赏就是一种审美活动，在观众欣赏影视作品的过程中，影视作品也必然会对观众进行"什么是美"的熏陶，这种熏陶往往巧妙而有力地影响着观众的思想感情、立场观点和生活行为。随着影视作品变得丰富和多样，不可否认会有粗制滥造和低级趣味的作品出现，应该教育广大官兵在观赏中辨明丑、恶，懂得真、善、美，自觉树立健康向上的审美观，抵制腐朽文化的影响。

第三节　影视评论活动的组织方法

影视评论，就是对影视进行评论。影视评论是基层影视活动的一项重要内容。影视评论，不仅可以加深官兵对影视内容的掌握，而且能启发思考，并能在思考基础上，对影视内容进行创造性的发挥。影视评论是一种创造性的精神劳动，是影视活动积极的精神表现，是影视活动的发展成果。军队官兵在近年影视活动中，积累了很多影视评论经验，部队基层开展影视评论活动，一般来讲要抓好以下三项工作。

一、搞好影视介绍

为了增强影视艺术对广大官兵的教育效果，基层应搞好影视作品的介绍。可以及时张贴上级配发的电影广告画和影片介绍，给观众以提示。也可将电视周报的内容摘编，通过广播和橱窗向观众作介绍。介绍时，对社会反映比较大而基层又尚未放映的新片，要注重介绍它的时代背景和创作用意。对具有生命力和感召力的传统片，要注重介绍它的现实意义和教育作用。对一些情节复杂、主题含蓄，又不易看懂的影视片，要注重介绍它的中心思想和内容梗概。搞好影视介绍能够减少观看影视时的盲目性，提高欣赏效果，为搞好影视评论打下基础。

二、组织影视讨论

影视讨论是基层影视评论活动中最常见的一种形式，讨论方法有以下几种：

①演讲式。即针对一部影视作品设计演讲主题召开演讲会。可以是命题的，也可以是即兴的。让大家各抒己见，畅谈对作品思想内容、艺术特点和教育作用的感想。

②专栏式。即利用基层的黑板报、墙报开设评论专栏。发动大家写稿，定期刊出文章。为提高写稿人的积极性，也可设立奖项，评出优秀的评论稿件。

③论辩式。即巧设疑问或相互对立的观点，摆开擂台；抽签或选题进行

辩论，最后评出优胜者。四是讲座式。即请骨干或专家进行一些影视艺术知识讲座，或对某一影视片进行述评。也可以围绕某一部影视片，利用军民共建活动开展讨论，互相沟通、共建文明。有条件的部队还可请剧中的生活原型或有关影视创作人员前来作报告，或进行现场示评。

三、布置写稿投稿

部队影视评论活动开展得好坏与否，很大程度反映在稿件质量上。因此，要充分发挥基层文化骨干的作用，有组织地发动大家写稿，征稿的方法有两种：一种是采用发通知的方法征集稿件；另一种是向影视评论骨干约稿。

征集来的稿件，既可用于布置专栏，又可通过广播进行播送。

还可组织投稿。对于投稿稿件，主管部门要注意内容的把关，认真选出思想性和知识性强，文笔好的优秀文章向各级报纸和杂志投稿。

影视评论的稿件形式是多样的，内容是广泛的，没有固定的套路和模式。可以采用评论、评介和观后感来写，也可以采用论说体、书信体、对话体等形式。无论采用哪种形式，都要求做到内容真实、感受真切，评论实在，有理有据。

实例鉴赏：基层影视活动

某连组织影片《建国大业》影评活动程序概要

一、俱乐部宣传委员通过黑板报、广播、海报等途径，简要介绍影片《建国大业》的故事梗概、背景知识，以及该部影片的历史意义，并专门开设专栏介绍赏析影片的一般方法和注意事项，全面调动全连官兵观看和赏评该部影片的积极性和主动性。

二、俱乐部宣传委员邀请驻地英模、连队的影评骨干进行影评活动的专题讲座，系统地为全连官兵理顺新中国成立前后的历史事件、介绍

赏评该部影片的方法和技巧，让官兵有针对性地观影。

三、组织全连观看《建国大业》。

四、俱乐部宣传委员组织全连官兵开展关于《建国大业》的有奖征文活动。通过有奖征文的方式，把优秀的影评遴选出来，张贴于俱乐部的影评园地，供全连官兵学习，并给予表扬和奖励。对于特别优秀的影评，可推荐到团广播站进行播读，并组织向军内外报刊杂志投稿发表。

五、组织全连官兵进行关于影片《建国大业》的观后感主题演讲比赛或辩论赛。

第五章
基层演讲活动的组织方法与技巧

基层演讲活动，是部队基层经常性文化活动的重要内容。经常开展演讲活动，对于丰富官兵的业余生活，提高文化素质，陶冶情操，提高思想境界，具有重要意义。

第一节　演讲活动的指导

演讲的效果如何，取决于多方面的因素。但演讲者的演讲能力往往是影响演讲效果的决定因素。演讲能力包括演讲理论知识、演讲实际经验、良好的心理素质、深邃的理解能力和较好的口语表达能力，还包括演讲者的气质、表情等方面。演讲能力的提高，有自身刻苦努力的成分，也需要具有较高演讲水平和丰富实践经验的演讲者的指导。

1863年11月19日，美国第16任总统林肯在葛底斯堡发表了著名的演讲——《葛底斯堡演说》。演讲辞短短600余字，字字铿锵有力，表达了演讲者炽热的感情和坚强的意志。这次演讲之所以获得巨大的成功，与林肯虚心接受指导是分不开的。他在演讲前的一整夜都在推敲自己的演讲稿，并讲给秘书听，征求改进意见。驰名于世的政治家、演讲家尚且如此，作为一般的部队基层指挥员，特别是初涉演讲的指挥员更应接受理论和实践的指导。

一、军事演讲活动对指导者的要求

俗话说："台上三分钟，台下百日功""给别人一碗水，自己就要有一桶水"。演讲指导者必须有多方面的知识和修养，才能使被指导者的水平有所提高，有所突破。否则，水平一般，甚至低于被指导者的水平，指导效果就可想而知了。所以，对演讲指导者的要求会更高些。

（一）要有较高的演讲水平和实践经验

演讲知识是演讲规律的科学概括和总结，是构成演讲能力的重要因素。科学的演讲知识融汇了诸多学科的成果。因此，演讲理论对演讲能力的培养和提高，有着重要的指导作用。作为演讲指导者来说，在众多的演讲者面前，对不同主题、不同内容、不同知识结构和素质的演讲者进行指导，如果指导者的知识不丰富，指导就达不到预期的效果。演讲知识与实践体验结合，才能较快地转换成能力。因此，演讲指导者必须有娴熟的演讲技巧，通过对演讲者口语表达和表情姿态及心理的指导，做到准确、恰到好处，以便演讲者达到一种较高的境界。同样一篇演讲稿，指导者对内容的不同指导，可以产生不同风格的演讲效果。

理解能力表现在对演讲稿的全面深刻的理性思考，对主旨、重点、精妙之处识幽探微的理解上，以及标新立异的悟性上，有了较强的理解能力，表达时才能正确无误。所以，站得高看得远的指导者，才能透过纷纭复杂的社会现象，把握事物的本质，对社会、对人生拥有独到的见解，才能给前途迷茫的人指出光明之路，使奋进者更加努力。

（二）要深刻把握被指导者的性格特点

"知彼知己，百战不殆。"演讲指导者只有了解演讲者的思想、道德、知识、阅历、性格、气质、爱好、兴趣，才能有的放矢、对症下药地进行指导，从而使演讲者扬长避短，发挥自己的优势，讲出特点，讲出水平，讲出理想的效果。假如对演讲者不了解，乱指导一通，就会造成强人所难、事与愿违的不良后果。

（三）要有高度的责任感和事业心

一个好的指导者，应该具有对演讲事业不懈追求的勇气，要有对事业负责的精神，树立必胜的信心。世界著名的物理学家、化学家迈克尔·法拉弟，不仅以他在科学研究中的巨大成就赢得了人们对他的崇敬，而且还以他在学术讲坛上精彩的演讲激发了人们对他的赞叹。一次，一位新手向法拉弟请教：

问：我将去向一些学术界颇有名望的人演讲，请你告诉我，什么是我可以假定听众知道了的东西？

答：应该这样想，他们一无所知。

法拉弟并非希望这位演讲新手狂妄，而是要求他自信、自强。这样的指导者能产生非凡效果，演讲也一定能获得成功。如果不负责任，敷衍塞责，应付了事，这样的指导者就不是一个好的指导者。

二、指导者对军事演讲活动指导的内容

演讲是依靠表达技能传播道理的，对于演讲者来说，口语表达是主要表达方式，态势语可以辅之。作为指导者，在指导演讲者提高演讲技能的时候，要注意从口语、态势语、临场应变技能以及演讲稿的写作几个方面进行指导。

（一）关于口语表达

口语表达一是吐字时口齿要清楚；二是声调要准确。只要这两方面做好了，口语也就清晰了。

（二）关于态势表达

演讲者的仪表、姿态、神情动作如何，给听众留下怎样的视觉形象，是需要具体指导的。总的来讲，一是用手势表示形象；二是用手势表达感情；三是仪表、风度要得体。

（三）关于临场应变

演讲即将开始，听众情绪浮燥，怎么办？演讲偶然出错，听众哄堂大笑，

情绪受干扰，怎么办？事先估计不足，听众反应冷淡，怎么办？演讲有了漏洞，必须及时补救，怎么办？面对不同场合、听众心情紧张，怎么办？……即使准备再充分，也会出现意想不到的特殊情况。因此，调节演讲时出现的紧张情绪，可以采取以下几种方法：①形象调节法。在演讲前，可以闭上眼睛，在头脑中展现一幅自己演讲时的图画，以松弛心境。②吐纳松弛法。即调节呼吸片刻，然后闭嘴，缓缓地吸气，再慢慢地将气吐尽，反复多次以消除紧张情绪。③松紧交替法。取立姿，手笔直地伸向前方，手指大大张开，全身肌肉放松。④活动转移法。刻意观察某一事物，或与他人交谈不相关的话题，能转移对紧张的注意。⑤自我暗示法。利用内部语言进行自我安慰、排解和鼓励。⑥争取支持法。主要运用于演讲中的"孤独感"的缓解。演讲者可以不理会那些冷淡呆板的表情，而寻找热情友好的目光，取得他们的支持。⑦临场熟悉法。要避免临场紧张，一定要提前到场。先到场可以熟悉一下环境，等你熟悉了环境，紧张情绪也就缓减得差不多了。⑧饮料摄入法。在演讲中，适当地摄入饮料不仅能解除因紧张而带来的咽喉不适，也能产生暂时的精力旺盛和舒适的情感，缓解因疲劳而形成的紧张情绪。

（四）对演讲稿的基本要求

一篇演讲稿写成之后，交到指导者手中，指导者要从三个方面进行指导：一是主题是否触及到了时代的脉搏，是否具有普遍的现实意义，是否反映了官兵的心声；二是材料选择是否真实、生动，具体；三是结构安排是否顺理成章，逻辑是否严密。注意了上述三点之后，还要注意语言的精炼、生动，活泼，具体如下。

（1）用语要新

在讲坛上用生动的语言进行演讲，必须注意语言新颖，也就是力求运用富有新意的语言，给听众以新的信息和时代感，避免使用那些别人早就讲过多遍、早已没有棱角的语言。要做到具体实在，言之有物。

（2）用语要准

演讲稿用语的准确来自思维的正确。只有对问题想得深刻，思考得周密，才能讲得头头是道，恰如其分。因此，演讲时要根据听众对象，提出问题，分析问题，解决问题，不能信口开河，言过其实。

（3）用语要通俗、简练

在演讲稿中要适当运用一些口头语、歇后语、成语、顺口溜等，这些语言既通俗易懂，又能反映听众的心愿和呼声，不要用那些晦涩难懂、使人不解其意的语言。另外，还要注意语言简练。有话则长，无话则短。

（4）寓理于事

生活充满哲学，每个事例都包含着一定的哲理。在写演讲稿时一定要切忌以下哲学或逻辑问题：

①例理相悖。演讲稿运用的事例，是为了说明演讲主题的，例子必须为内容服务。所以，举例要与说理相融，而不能相悖。否则，内容再正确也会因说理不全不透，使听众失望。

②故弄玄虚。写演讲稿运用事例时，当然应该注意事例的生动性、趣味性，但不能故弄玄虚。如果对事例乱加渲染，只能使听众倒胃口。

③前后矛盾。事例是客观事实，它的内容有着确定性，演讲稿中运用的事例无论是自己从实践中来的，还是从别的地方弄来的，都必须典出有据，否则会降低演讲效果。

④胡编乱造。有的演讲者，知识贫乏，论证观点的事例不足；又想讲好，就"任意拔高""移花接木""凭空杜撰"，凭想象编织情节。这样会损坏演讲的科学性、严肃性、权威性。

⑤事例滥用。演讲稿举例不仅要用得切题，而且在数量上也要恰到好处。如果举例太多，给人以罗列冗长的感觉；喧宾夺主，淹没道理，这显然是不恰当的。如果举例太少，显得论据不足，不能让人信服。

⑥老生长谈。有的人写演讲稿认为某个事例既生动又有说服力便再三运用。一味地运用老内容、名事例，容易使听众厌烦。

以上几点是演讲稿写作中必须注意的问题，要想提高演讲能力，演讲者要虚心接受指导。

三、指导军事演讲活动应注意的几个问题

一个出色的演讲指导者，自身不仅有较高的水平，还要把握演讲全过程的主要环节。把握住关键环节进行指导，可以起到事半功倍的效果。指导者在实践过程中要把握以下三个环节。

（一）训练中的具体指导

如何把演讲稿的内容传播给听众？如何通过有声语言和态势语言恰当得体地把自己的思想、感情艺术地传播给听众，使听众赏心悦目，启迪思想，进而引起听众思想上的共鸣？这一切都需要指导者根据思想内容的要求给予指导。还需要从实际出发，根据训练中出现的问题，回过头来对演讲内容和演讲技能进行修改和校正。指导者要把握这一环节，使演讲者在训练中得到提高，向理想的目标进取。

（二）演讲前的临场指导

"临阵磨枪，不快也光。"演讲者经过长期的演练就要登台了，这时指导者不要掉以轻心。因为，这时的指导对消除演讲者的怯场和紧张心理有极其重要的作用。常常有这种情况：在台下训练坦然自若、口若悬河，一旦登台，就面红耳赤、张口结舌。这是一种怯场的现象。所以，指导者在演讲者登台前，用一些激昂的话树立演讲者的自信心，还要采取适当的方法调节演讲者的怯场紧张心理。

（三）演讲后的经验总结

一次演讲结束之后，指导者要抓住时机，根据演讲的实际情况进行总结。好在哪里，为什么好？不成功的地方在哪里？指出不成功的原因。因为实践是检验真理的唯一标准。总结能够找出演讲者存在的问题。通过冷静、全面、客观地分析肯定成绩，找出失误，在下次演讲中加以改进。

第二节　系列（主题）演讲赛的策划与组织

　　演讲赛是军队演讲活动的重要组织形式之一，它是在一定时期，对一个单位经常性演讲活动的检验。比如说，演讲活动开展了一个时期，活动开展得怎样了，发展到什么程度，取得了哪些成绩，还存在什么问题，今后应该怎么办……这些问题都要通过演讲赛这一组织形式进行检验。同时，举办演讲赛还可以发现人才，培养骨干，调动热情，壮大演讲队伍。举办比赛，单位与单位之间，演讲者与演讲者之间可以互相学习，互相交流，取长补短，共同提高，有利手提高军事演讲活动的水平和部队素质，更好地推动军事演讲活动沿着健康的道路发展，以促进部队教育训练任务的完成。

一、筹备和组织演讲赛是军事演讲活动的一项重要内容

　　军事演讲活动中的演讲赛按其形式分，有命题演讲赛、论辩演讲赛和即兴演讲赛。这三种类型的演讲赛无论其规模大小，基本规律都是一样的。

　　演讲赛的筹备和组织是一项很复杂、很严肃、很认真、很细致的工作。它要求有明确的指导思想，周密的计划。演讲赛的材料准备，时间性强，要求高。演讲赛的程序环节多，每个环节都要符合一定的要求。赛务工作也很复杂。准备工作要具体、细致，考虑周到。任何一个程序颠倒，或一项内容遗漏，都会影响演讲赛的效果。所以,演讲赛的筹备组织人员必须精通演讲业务知识,懂得演讲赛的组织程序。

二、演讲赛的筹备

（一）做出进行演讲赛的决定

　　根据上级关于开展演讲活动的指示、要求和本单位开展演讲活动的实际情况，可做出进行演讲赛的决定，并下发通知提出要求；明确演讲赛的目的和任务；确立演讲赛的主题；设计比赛的具体形式（如命题式、论辩式、

即兴式）；确立参赛的范围、单位、人数及参赛时间、地点，筹集资金，发出邀请。

（二）演讲赛的材料准备

依据赛会的内容和上级的要求，由负责日常开展演讲活动的专门部门起草相应的首长开幕、闭幕时的讲话以及总结前一时期开展演讲活动中涌现出来的突出代表，可以整理典型单位和个人的材料，在赛会上进行交流。

（三）组建赛会的组织机构

做好赛会的准备工作，建立筹备组或办公室，在同级党委和政治机关领导下，负责大会的材料、会务和生活保障。

①材料组。主要任务是负责演讲赛举办过程中的宣传报道，收集反映，做出简报，收集演讲稿，准备赛会材料和赛会总结。

②会务组。主要任务是负责整个大会的安排和组织，它的工作必须是有条有理、井然有序的。不仅要照顾到台上，而且还要照顾到台下；不仅要组织好内部工作，还要安排好外部活动；同时还要安排赛会的日程、业余活动、食宿、赛会用品、奖品、购买飞机或车船票，也要负责接站和送站工作。

③生活保障组。主要任务是保障参加赛会人员的食宿，按照会前规定的标准，组织炊事人员尽量做好饭菜，让赛会人员吃饱吃好。

（四）挑选赛会主持人

一次赛会能否搞得生动活泼，与主持人的能力有很大关系。所以，应挑选一至两个既有口才又有主持赛会临场经验的人作赛会主持人。同时，还要考虑到主持人的风度、形象，使参赛的演讲员和观众双方满意。

（五）聘请评委

演讲活动既然作为一种比赛，那就应该当场评出高低。这项任务，就要由评委来完成，评委人数可根据赛会的大小而定。担任评委者不一定是名人、专家，只要懂演讲，有演讲方面的理论和实践知识，有较高的思想水平和鉴赏能力就行。

（六）制定评分标准和赛会规则

演讲是一项综合性的口语表达方式，它与体育项目的竞技不一样，不能根据一个动作、一个环节准确扣分。对演讲评价只有综合各种因素（演讲主题的立意、口语表达、态势、风度等），才能形成总体印象。所以，演讲的评分标准不宜定得过细，而应根据总体印象把分数位开档次。没有规矩，不成方圆。任何比赛都有规则，演讲也不例外。比如，即兴演讲，一般规定演讲顺序由抽签决定。每个演讲员接到题签后准备几分钟，即上场演讲，演讲的长短要有时间规定等。

（七）安排记时、记分等工作人员

一般演讲赛都有计时器，因此要安排合适数量的记时人员、记分人员。担任记时、记分的工作人员，要责任心强，处事公道。

三、演讲赛的组织

演讲赛的组织主要有以下几项工作：

①召开预备会。在正式进行赛事之前要召开预备会，向参赛队的负责同志提出赛会的指导思想、目的、任务和要求，通过大会工作人员名单。

②正式进行比赛。致开幕词，听取有关部门的领导做单位开展演讲活动情况的总结报告。进行比赛、领导作赛会总结。

③表扬、奖励优秀演讲员和比赛获胜者，交流工作经验，发奖品。

④将赛会情况写成书面材料，报上级有关部门或通报部队。

总之，组织一次演讲赛是十分复杂细致的，要求组织者必须站得高，看得远，确定出具有指导意义的主题，要以认真负责、实事求是的态度搞好演讲赛的组织，切不可图形式、搞花架子。

附：**演讲赛组织细则及图表**

（一）赛事组织

赛事组织主要有以下内容：

① 确定演讲主题或范围；

② 制定比赛规则，如参赛人员或队别组成，比赛时间安排和演讲时间规定，演讲顺序的确定方式，评判方法、奖励方式及比赛纪律要求等；

③ 确定比赛方式，是"单一式"的命题演讲、自拟题演讲、即兴演讲，还是"复合式"的命题或自拟题加即兴式演讲；

④ 确定主持人；

⑤ 确定评分标准，制定评分表，评分统计及名次表等；

⑥ 确定演讲赛程序；

⑦ 确定并邀请评委，一般不得少于五人，可全部是专家或行家，也可专家行家为主，听众一二人为辅，但要保证人数是单数。

（二）评分标准

演讲赛评分标准多种多样，没有统一的规定。以下是常见的几种方案：

① 张志公方案。张志公，我国著名语言学家，《演讲与口才》杂志顾问。他的评分标准先分三大项，然后再酌情灵活地分若干小项：内容（意义、组织结构、材料等）；语言（吐字、声音节奏、普通话等）；仪态（表情、服饰、脱稿程度等）。

② 考夫曼方案。考夫曼，美国霍夫斯塔大学语言艺术科学系教授，美国演说学会会员，他的评分标准分八项：主题选择；主题阐说；结构；词汇；发音；声音效课；表达技巧；仪表。

③ 普通方案：主题（针对性、深刻性）；材料（典型性、新颖性）；结构（逻辑性、巧妙性）；词语（准确性、丰富性、通俗性、形象性）；表达（发音的正确性和清晰性，声音的可闻性和节奏性，姿态与手势的恰当性，仪表的大

方性等）。

以上各方案评分均采用百分制或十分制，各小项的分数比例不尽相等。

表 6-2-11　演讲赛评分表　　　　　　　年　　月　　日

序号	姓名	单位	演讲题目	命题演讲得分（70分）	即兴演讲得分（30分）	总分

表 6-2-12　演讲赛统分与名次表　　　　　　年　　月　　日

序号	演讲者	评委	评分	总分	平均分	名次

统分人＿＿＿＿＿＿

实例鉴赏：某部庆"十一"演讲比赛

1. 主持词

攀爬过岁月的脊梁，沧桑印证着我们求索的脚步，半个多世纪的风雨，六十载的峥嵘，光荣着子孙们心中的梦想，东方瑰丽的大地上，耸立起一个不朽的国度，于是世人对着太阳升起的地方，聆听黄河古老的歌唱，穿越那五千年悠悠岁月和五十五载缤纷花季，在河之洲水之源，山之阳，海之滨，泛起层层涟漪，响起阵阵回声，在亿万炎黄子孙的心中凝结成一个主题：祖国啊，母亲！

在我们伟大祖国六十周岁生日到来之际，我们××团组织了"我的

祖国"演讲大赛，共收到来自机关、连队 50 余篇来稿。现在让我们满怀最真挚的情感，用我们最优美的语言，为伟大祖国 60 岁华诞献上最美的祝福，祝愿伟大的祖国繁荣昌盛，祝愿伟大的祖国国泰民安。

××团"我的祖国"演讲大赛正式开始。

首先介绍评委，他们是……

我介绍一下今天比赛的规则，本次进入决赛的共有 11 名选手，他们是一号选手……他们经过今天上午的抽签，决定出场顺序。第一位登场的是×号选手×××，他的演讲题目是……

本次比赛由各位评委为选手打分，满分为 10 分，由我来唱分，记分员作记录，记分方法为：去掉一个最高分，去掉一个最低分，其余分数的平均值即为该选手的最后得分，下一位选手演讲结束时公布上一位选手的得分。担任本次比赛记分员的是××和××。

下面我们有请第一位选手上场演讲……

（第一位选手演讲结束，请评委为第一位选手打分、亮分，主持人唱分，记分员记录，请第一位选手退场，有请第二位选手。

第二位选手上场演讲，记分员计算第一位选手得分。

第二位选手演讲结束，请评委为第二位选手打分，同时主持人宣布第一位选手最后得分，请评委为第二位选手亮分，主持人唱分，记分员记录，第二位选手下场，有请第三位选手。

第三位选手上场演讲，以此类推。

第十一位选手演讲结束，请评委为第十一位选手打分，同时主持人宣布第十位选手最后得分，请评委为第十一位选手亮分，主持人唱分，记录员记录，第十一位选手下场。）

现在我们要颁发一个特别奖，颁给×××同志。我团搞的征文活动，他每次都踊跃参与，一写就是洋洋洒洒几千字，为了感谢他对我们工作的支持，我们今天在这里特地为他颁发一个特别奖。

下面请××为×××颁奖。

当然，×××只是一个代表，我们还有许多和他一样关心部队建设、支持我们工作的同志，他们为我们学习型连队、学习型军营的创建做出了贡献，我建议我们将热烈的掌声送给他们。

（主持人宣布第十一位选手最后得分。宣布所有选手最后得分。颁奖……领导讲话……）

这是一个除旧立新的祖国，这是一个沸腾上升的祖国，这是如日中天的祖国。我们的话语多得可成为一部历史，我们的话语可组成无尽星河，但是说得最多最动情的一句，便是——腾飞吧祖国！

我宣布，××团"我的祖国"演讲大赛圆满结束！

2.参加比赛名单（略）。

3.评分表（略）。

第六章

基层黑板报活动的组织方法与技巧

　　黑板报就是在版面空间有限的黑板上，将构成板报内容的文字、图片、线条和色彩诸因素，根据特定内容的需要进行有机的排列组合，并按照一定的造型规律，把构思与计划以适合视觉特点的形式表达出来。黑板报是基层文化工作的一种重要形式，是基层连队生活的一个缩影，具有反映迅速、形式活泼、实用性强、群众性广的特点和经济、简易轻便、灵活的优点，深受广大基层官兵的喜爱。它的作用在于能帮助官兵正确理解党的最新政策和国家的有关法律、法规，了解国内外形势和部队建设的情况；在于紧密配合部队的中心工作开展积极的宣传鼓动工作，总结交流经验、表扬好人好事、传递信息和知识活跃气氛、鼓舞士气。因此，黑板报是一种集思想性、知识性、艺术性、趣味性于一体的极为适用军队基层的宣传形式。但由于办黑板报要有一定的写作、绘画、书法、设计、色彩等方面的学问和技能，是多种学问、技巧的综合运用，只有懂得办板报的方法和技能，才能提高黑板报的质量，才能更好地发挥黑板报的作用。

第一节　黑板报的基本常识

一、常用工具

办黑板报常用的工具及材料主要有：

（一）黑板

黑板是用板材和木条制成的书写用具，是办黑板报的基本用品。在质量上有一定要求：板面平整、乌黑、不反光、漆面细腻、粉笔书写附着性强。在黑板的保养方面也要做到：必须使用专用黑板漆，木制黑板不能长期放置在潮湿处，不宜经常用水冲洗，更不宜长时间在太阳下曝晒，否则会使黑板漆面龟裂及板体变形扭曲，缩短使用寿命。正确的黑板放置应是悬挂在离地1.5 米左右墙上或放在架子上，保持干燥、通风。

此外还有水泥黑板和玻璃黑板，多为固定式。

（二）直尺

直尺的作用是度量尺寸，以及画直线、边框等，是板报的编排设计和美化不可缺少的工具。一般有木尺、塑料直尺，视需要而定，长度在 80 厘米至100 厘米均可。

（三）粉笔

粉笔分彩色和白色两种，是黑板报最常用的材料，但用于绘画效果不是十分理想，有一种专业绘画用彩色粉笔可代替，但价格较贵。

（四）黑板油和墨汁

黑板油和墨汁可用以增加黑板黑度，新黑板在更换时一般用墨汁稀释涂刷，即可达到使用要求。

（五）炭画铅笔、炭精条

炭画铅笔或炭精条是一种以炭黑为主要原料的铅笔、细条，主要用来勾画细小的黑色部分和线条，也可修改错误部分，对于增强明暗、层次立体感有显著效果。

（六）广告色

广告色是黑板报的常用材料，其特点是颜色鲜艳、丰富，表现力强，沉浸气氛强，但价格偏高。

（七）漆刷

油漆刷（板刷）一般选用 3~4 寸的规格，可用于整修加工和油漆黑板。

（八）底纹笔

底纹笔一般选用 4~6 寸的规格，可用于在黑板上涂刷稀释墨汁以增加黑板黑度，还可用来稀释浆糊，往黑板上裱纸之用。

（九）水粉笔

水粉笔或油画笔主要用于广告色制作黑板报时绘画和写标题字使用。

（十）毛笔

毛笔一般选用小楷笔，可用来抄写内容。此外，在制作墙报等宣传栏时，还会使用到及时贴（不干胶）、吹塑纸、苯板等装饰材料。

二、美术字的绘写技法

美术字是在传统的楷书基础上演变而成的一种字体。它具有规范匀称、庄重醒目、美观生动等特点，并极富装饰性和广泛的实用性。在军营中，它以美观生动的艺术形象，在板报绘制、会场布置、环境美化等诸多方面起着重要作用。因此，绘写美术字便成为开展军队基层宣传文化活动必须掌握的技能。

学写美术字并不难，初学者只要掌握了基本笔画的形体特点和美术字结构的一般规律，注意加强练习便能写好美术字。

（一）美术字的基本笔画及其写法

汉字是由点、横、竖、钩、提、折、撇、捺这八种基本笔画组合而成的。因此，要写好美术字，必须先从基本笔画练起，熟练掌握好基本笔画的结构形体。

美术字的种类很多，有宋体、黑体和变体等等，但是无论哪一种美术字体，它们之间只存在笔画形状上的不同，在结构上、书写规律上基本是一样的。所

以，学写美术字，一般都将宋体字、黑体字作为练习基础。只要熟练地掌握了宋体字、黑体字的书写技法，书写其他美术字体便可触类旁通、酌情发挥、游刃有余了。

1. 写宋体字基本笔画的技巧

横：与字格上下边平行，起笔齐头（或有装饰角），收笔有装饰角成直角三角形，右斜边与竖等宽。横粗约为竖宽的 1/4~1/5。

竖：与字格上下边垂直，起笔向右下方突出一个装饰角，收笔向右上方斜成弧形。竖宽依字形而定，一般约为字宽的 1/8。

左斜点：形似瓜子和水滴，起笔尖，收笔圆，直径与竖宽约等，全以弧线连接，上端向左倾斜。右斜点形状写法均与左斜点相同，只是上端向右倾斜。

提（挑）：似向右上方提起的楔形。在不同部位斜度各不相同。

斜撇：起笔如竖，整笔向左下方弧形弯延，由粗渐细收笔尖。

斜捺：起笔尖锐，整笔自上向右下弧形弯曲，由尖渐粗，收笔处略宽于竖，捺底略内凹。

竖钩：起笔如竖，收笔向左出钩，钩长约同竖宽，上下边与竖垂直，弧线相连，左路内凹。

折弯钩：横竖相接，转折处有一个装饰角，行笔向下逐渐弯曲，收笔向左出钩，形似竖钩但略长。

2. 写黑体字基本笔画的技巧

横：与字格上下边平行，起笔方正，收笔方正。横粗视字形而定，一般约为字高的 1/8。

竖：与字格上下边垂直，起笔方正，收笔方正。竖粗视字形而定，一般约为字宽的 1/8。

左斜点：起笔方正，向左倾斜；短点呈矩形，长点略呈弧形，收笔方正；右斜点形同左斜点，只是向右倾斜。

提（挑）：起笔方正，向右上方提起，收笔呈斜角（上锐下钝）或方正。在不同部位其倾斜度各不相同。

斜撇：起笔方正，整笔向左下方斜呈弧形弯曲，弧度视笔画长短和部位而定。收笔方正或出撇角上锐下钝，撇底略内凹。

斜捺：起笔方正如竖，略左倾，整笔向右下方弧形弯曲行笔，弧度视笔画长短和部位而行笔。

竖钩：起笔方正如竖，收笔向左出钩，与竖垂直，钩长约同竖宽圆滑相连。钩角上锐下钝，左略内凹。

折弯钩：横竖垂直相接，行笔向左下方逐渐弯曲，收笔向左出钩，形同竖钩但略长。

（二）美术字的结构要诀

美术字的结构要诀主要是根据汉字的结构形式与人们的审美习惯相结合，不断凝练总结出来的。汉字的结构形式概括起来，基本不外乎三类，即上下组合、左右组合、内外组合。这三类文字在写成美术字时有不同的结构特点。

①上下组合。结构形式是上下组合的字，书写时一般要上紧下松，即上半部分笔画安排得要紧凑，下半部分笔画安排要舒展。如果结构形式是上中下三部分组合的字，则上下应舒展，中间略紧凑，同时注意上下重心要对正。若是上下相同的字组合在一起，即通常称之为上下重复组合字，书写时要上小下大，个别笔画还要相应调整。

②左右组合。结构形式是左右组合的字，偏旁居左，则左紧右松；偏旁居右，则右紧左松。如果是左中右组合的字，偏旁居左，则左紧靠上。左右重复组合的字，注意左紧右松，个别笔画要相应调整。

③内外组合。结构形式是内外组合的字，又叫包围或半包围字，由外框和内含两部分组合而成。书写时，要内紧外松，外框应适当向里收，被包的内含部分要稳定紧凑，尽量向外框方向靠近，力求包得住，包得稳。

（三）美术字的书写规律

虽然汉字是方块字，但字形各异，笔画多寡悬殊，如何将各种笔画组合安排好，使各构字单位所占位置比例适当，是有规律可循的，这便是书写规律。

作为造型艺术，美术字书写规律的核心仍是"对称均衡"，即要求字的上与下、左与右形状基本相同，重量基本相等。当然，这只是视觉心理上的相同和相等，而并非实际的相同和相等，实际的相同或相等是不可能的，也不符合造型规律。因为汉字非常规范，书写时不能随意添加或减少笔画，但可以遵循书写规律，对笔画的位置、比例或形状加以调整安排，以求视觉感受的均衡。比如，书写"下"字，因右重左轻，可将竖由中移左，得以视觉均衡；"今"字，上重下轻，为达视觉均衡，可改变撇画为斜竖，如此等等。

书法界将"永字八法"视为经典，不仅仅因为它囊括了组成汉字最基本的八种笔画，更在于它集中体现了对称与均衡这一书写法则。具体美术字的书写法则，可归纳为以下几个要点：

①字心平稳。字心，即字的重心，也就是在字中起稳定作用的笔画支撑点。它的位置处于方格中米字交叉点。一般情况是，独体字只有一个字心，比如"母""勿"等等。书写时，笔画的安排应以字心为核心，紧紧围绕重心点，力争上下左右对称均衡。但在占汉字绝大多数的合体字中，却包含着两个以上的字心。如上下组合结构形式的"需"字，由上部的"雨"与下部的"而"组合而成。书写时，"雨"的重心点必须对准"而"的重心点，只有上下两个重心点垂直在一条线上，"需"字才均衡平稳。又如左右组合结构形式的"新"字，由左边的"亲"和右边"斤"组合而成，书写时，左右两边的重心点必须平行在一条水平线上，"新"字才端正平衡。如果字心上下不垂直，左右不平行，那么，写出的字不是东倒西歪，便是左高右低。

②横轻竖重。横轻竖重就是写横笔画要细，写竖笔画要粗，这是由人的视觉误差引起的，正常人看横的物体面积大，看竖的物体面积小。虽然黑体字要求横竖笔画粗细一致，但实际书写时也应轻微表现出横细竖粗的特点，只不过粗细反差不似宋体字那么明显而已。

③实缩虚放。美术字最大的优点之一，是比其他字体齐整规范，大小均匀，雄健饱满。为此，它要求在同样大小的字格中均匀足格地书写，力求每个字大小一致。但是仅仅以足格书写还难以达到使所有字大小一致的效果，比如

"今""口"两字足格写在一样大的格子,给人的感觉是"今"字好像明显比"口"字小似的,要将所有的字写得大小一致,在大体足格的基础上,还必须运用实缩虚放的书写规律进行调整。通常把横竖主笔画靠近字格边线称之为实,副笔画靠近字格边线称之为虚。实缩就是字形实的字,书写时要适度向内收缩,如"口""且"。虚放就是字形虚的字,书写时要适当向外伸展,如"今""永"。只有如此,才可能符合人的视觉心理,使写出的美术字大小给人感觉一致。

④上紧下松。上紧下松就是将一个字分成上下两等分,上半部尽可能写得紧凑,下半部尽可能写得舒畅,而且笔画适度向上靠,写出的字才显得美观、大方。究其原因,主要是为了适应人的视觉高于字的绝对重心点,虽然这是一种错觉,但它已成为人们普遍的审美习惯,这就如同人们对于体型的审美习惯一样,感觉上身短、下身长的修长苗条身材好看,而对于上身长、下身短的身材视觉感受就不太舒服,二者是同一个道理。

⑤宾让主争。左右组合结构形式的字体,一般由左右两部分组成,左边的称宾部,右边的为主部。为了字体结构紧凑不松散,书写时,常常是左边避让右边,这就是"宾让主争"。属让部分的笔画应该收缩,属争部分的笔画就要伸展,同时注意左右之间穿插补空,浑然一体。要注意克服两种处理不当的倾向:左右两部或敬而远之,互不相争,互不关联,判若两字;拥挤碰撞,各不相让,主宾不分,没有章法。这样写出来的字必然疏密不当,松散呆板。

⑥天覆地载。天覆,即书写带字头的上下组合结构字时,上部的宝盖头尽量写得宽阔一些,覆盖住下面部分,比如"冠""宙"等字,这样写出的字才显得魁伟雄壮。地载,即字底为横或点的上下组合结构字,字底笔画尽量写得舒展,力求托住上边部分,比如"黑""盖"等字,笔画这样安排,字才显得端庄稳重。另外,上部或中部带撇、捺笔画的上下组合结构字,比如"春""俞"等字。书写时,撇捺一定要均匀对称,不能一高一低,而且要尽量写得舒展,以覆盖住下部构字单位。

以上从六个方面介绍了书写美术字应该遵循的一般法则,但是对于有些字,已经形成了传统结构,就不能生搬硬套这些法则。比如"四"字本身字

形扁宽，就不能拉得过长。虽然四边实，却不能按照美术字"实缩"的法则去四边收缩，而应上下多收，左右少收，以保持原有扁宽的字形。而"身"字，字形窄长，就不能过分放宽，应该左右多收，上下不收，以保持原有的窄长字形。再比如"戈"字，横笔画斜写就不能平直。有的字本身是斜竖的，也不能扶直，比如"母"字。总而言之，上述美术字的书写法则只是针对大多数情况而言，具有普遍性的指导意义，而对于一些结构特殊的汉字，不能死抠书写法则，否则会使写出的字失去汉字原有的气势和特色。

（四）书写美术字的方法步骤

书写美术字的方法很多，有电脑打样法、幻灯投影法和手写法等等。但基层连队最常用的，也是最便捷的仍是手写法。手写法的方法步骤是：

①定格。定格也称打格子。根据版面、幅面和字数，确定出每个字字格的大小和形状（即格子是正方形或长方形等），然后根据字的结构划分出偏旁部首及其构字单位所占的比例位置。

②单线起稿。单线写出基本字形，然后检查字体大小是否一致，结构是否正确严谨，如有不当，立即修正。

③双线勾描。在单线字形的基础上，按照美术字笔画的形状，双线勾描出美术字形，笔画一定要准确。一般先勾描主笔画，再搭配副笔画，如果是变体字，最后再进行装饰。

④填色。如果是剪刻白字会标，双线勾描后即可剪，否则，还要进行填色赴理。在黑板报上写美术字其勾描和填色多采用粉笔。

⑤修正。局部修正，然后擦去废线。

（五）常用的美术字体

①宋体。宋体字是美术字的基础字体，其他美术字都是在它的基础上演变而成的。它的特点是笔画匀称，棱角鲜明，横平竖直，横细竖粗反差较大，字形方正，齐整美观，端庄大方。因此，宋体字常用于书写板报标题、会标以及军营环境美化等。

②黑体。黑体字是为了便于书写，在宋体字基础上演变而成的。它的笔画也是横平竖直，而且所有笔画粗细基本相等，因此，也称"等线体"。黑体字笔画一般较粗，而且起笔方正，收笔方正，给人的视觉感受是方黑一块，所以得名黑体字。黑体字最适用于书写内容庄严、气氛肃穆的标题、会标。

③仿宋体。仿宋字体的特点是宋体结构，楷书笔法。笔画粗细一致，笔锋显露，字形清秀挺拔，整齐规范；起笔顿挫，收笔出棱，横斜竖直，便于直接用毛笔、钢笔、粉笔书写。仿宋字体常用于文稿抄写、黑板报内容抄写、文章标题及刻字制图等。

④综艺体。这是在字形结构不变的情况下，在黑体字基础上变化而成的一种新字体。其特点是庄重饱满、变方为圆、书写简便。多用于标题字、会标和广告设计。书写时可按照黑体字书写规律书写，然后按综艺体基本笔画进行处理，变化为圆，变直为弧，力争饱满。

⑤隶书。隶书是由篆书发展演变而来。其特点是将小篆字形的长方形改为扁方形，笔画以方线为主，方中带圆，左右撇捺舒展，结构均衡，给人以华丽、端庄、气势宏大之感。

⑥楷书。楷书也称真书，由隶书直接演变而来，它在形体的结构上打破了隶书的平直方正，变隶书八字扁方形为永字的正方形，以楷书的横、捺取代了隶书的"蚕头燕尾"，从字势上看，改隶书向外散而楷书向里集中，从而大体确定了汉字的结构，形成了现在的汉字的形体，同时比以前的字体更为简化。其特点是字体方正，笔画平直，工整秀丽，强调结构的平整美。

⑦变体美术字的书写。变体美术字在板报、墙报上运用得较多，其基本形是从宋体字和黑体字演变出来，经过装饰、夸张、添加等艺术加工而产生的。它的特点是在一定程度上摆脱了字形、笔画的约束，可以根据内容的需要，发挥设计者的想象力和创造力，把文字形象塑造得更飘逸、更有特性、更加形象化、更加生动活泼，从而增强文字的表达能力和视觉击力。但是，美术字的变形也必须遵循一定的基本规律，最重要的一点就是必须考虑文字的规范性、可读性，以及约定俗成的性质，不能随心所欲地乱加装饰，切莫矫揉

造作，哗众取宠。否则，不仅达不到装饰美化的效果，而且还会损害文字的结构。下面是几种较常用的变形美术字的设计方法：

修饰。修饰法是在标准美术字的基础上略加装饰加工，其外形没有太大的变化，只是在字的笔画上进行一定程度的修饰，从而改变文字的美感韵味。

夸张。夸张也是在标准美术字的基础上进行的，夸张的内容包括字体及字的笔画。夸张的方法很多，如字形的透视化、波浪画的拉长、字与字之间的连体、重叠等等。

添加。添加法其实是添加装饰法，有人称这种变形美术字为"形象文字"。它是在文字的某一部分、某个部位添加上适合内容的某种形象、图形、纹样等，使其更富寓意、更有趣味性。

模仿。模仿法就是模仿某种材料的特性来书写，使文字造型具有某种材料的质感和肌理，如钢铁质感、木材肌理、液体质感等。

随着电脑技术在各个领域的开发运用，板报美术字绘制也可以采用这些现代化的制作手段。比如前六种字体就可以根据自己的需要，使用 Word 软件调整所需数据，直接在电脑上设置完成。第七种变体美术字也可以使用 Photoshop 软件绘制完成。使用电脑绘制美术字的优势在于制作简便化、字体标准化、格式规范化、构图美观化。可以使初学者在还不能熟练掌握绘制美术字方法的情况下，轻松制作所需字体。

三、黑板报图案的制作

黑板报的图案具有反映生活快、形式活泼、针对性强等特点。板报内容具有群众性、政治性、思想性、可读性、艺术性等性质。板报图案采用的形式，既有文字，又有绘画。图案在黑板报中用途广泛，在报头、标题、图画、题花、尾花、花边等当中都能用到。一块板报木身也可以看作是一个大图案。因此，板报的图案制作，是一项十分实用的板报技法。

（一）图案设计原则

图案设计应该遵循一些原则，并处理好以下这些关系：

统一与变化的关系。变化的效果是活泼生动，统一的效果提高整体庄重。要在变化中求统一，统一中求变化。要从主题出发处理两者的关系，不能偏向一面。

对称与均衡的关系。对称给人以稳定、庄严、整齐的感觉。均衡不同于对称，是有变化的平衡。有了均衡就更具生动感。对称有三种形式：一是轴对称，即左右对称；二是水平对称，即上下对称；三是点射对称。均衡也有两种：一是天平秤式平衡，是两样基本相同的对象的平衡；二是中国秤式平衡，用一个小秤砣，去平衡一个大得多的对象。

对比与调和的关系。对比可产生醒目、突出、生动的效果；调和也可产生安定、舒适、完整的感觉。图案设计既要讲对比，又要讲调和，不能只讲一面而否定另一面，要从主题出发去追求对比与调和的统一。

除了以上这些关系，在图案设计时还要注意节奏与韵律的问题。节奏是指流动的美感，韵律是指抑扬顿挫的变化。

（二）图案设计步骤

板报所用图案属于平面图案。平面图案有三个组成部分：纹样造型、图案构成、图案色彩。

1.纹样造型

纹样造型有两大类。一类叫作"具象纹样造型"，这一类纹样造型是对生活中具体的自然形态，如动物、植物、人物、山水等进行造型。另一类叫作"抽象纹样造型"，这一类纹样不是对生活中具体的人或物进行造型，它的造型不代表任何物的具体形象，只是一种抽象的几何形状。

对于纹样造型的设计制作，一般要经过两个步骤：第一步是对生活中存在的某一事物进行写生。写生要抓住事物的特点来进行。第二步是进行变化加工。在变化加工过程中可以有写实和写意两种倾向，如果倾向写实，就会设计出"具

象纹样造型"；如果倾向写意，就会设计出"抽象纹样造型"。

进行变化加工的方法有很多种，如省略法、夸张法、添加法、变形法、巧合法、寓意法、象征法、求全法、拟人法、适合法、几何化法等等，有时可以几种方法同时运用。

2.图案构成

图案构成是指对纹样造型进行组织和对图案画面进行构图，图案的组织形式是由图案的用途决定的，一般分为三种：单独纹样、适合纹样、连续纹样。

（1）单独纹样

单独纹样是一个独立的个体。这样的组织形式，应该注意形象的完整，具有单象美。一般采用加强主要部分、减弱次要部分的手法来构图。

（2）适合纹样

适合纹样是具有外形限制的一种图案纹样。可以分成形体适合纹样、角隅适合纹样、边缘适合纹样三种。适合纹样将素材组织在规定的轮廓之中。纹样的变化要既有物象的特征，又能同它的外形轮廓自然适合。

（3）连续纹样

连续纹样是两个或多个基本纹样连接起来组成的一个图案纹样。连续纹样组织形式可以分成二方连续纹样、四方连续纹样两类。二方连续纹样，又称为带纹或花边，是黑板报用得比较多的一种连续纹样。四方连续纹样，是一个单位的纹样向上下左右四面延续的一种纹样，又称为网纹。

3.图案色彩

图案色彩包括彩色、无彩色（黑白灰）两种。人们在观察一个事物时，一般都有"先看色，后看花"的习惯。图案色彩在图案制作中也是一个非常重要的方面。在图案色彩方面，要掌握四点：

（1）色彩的作用

运用色彩的目的是吸引读者的注意，唤起读者的情感，给人以良好的第一印象，给人的记忆留下深刻的印象。

（2）色彩运用的规律

首先，根据板报内容，确定总体色彩效果的倾向，是表达充满活力，还是庄重宁静的；是热烈欢快，还是含蓄深沉的；是富丽堂皇，还是朴实素雅的。如欢庆春节，色调应倾向热烈欢快，反映军人生活应倾向充满活力，描绘出健康向上的气氛。

其次，要注意色彩的整体效果，应既有调和又有对比，这种才能有良好的总体色彩效果，使人感到美的力量。既统一调和，又要对比，是正确处理好色彩对立统一辩证关系的原则。

再次，颜色的轻重、强弱、浓淡等感觉决定着颜色面积的大小、位置。为取得相互的平衡，一般暖色、彩度高的颜色同冷色或浊色形成对比时，面积越小，越容易得到平衡。对于互为补色类的强烈对比，可以缩小其中一种颜色的面积，改变彩度或明度，使画面趋于平衡。

（3）色的三要素

一是色相要素。色相就是色彩的相貌，通常以色彩的名称来体现，如红、橙、蓝等。二是明度要素。明度就是色彩的明暗深浅程度，无彩色中以白为明度最高，黑为明度最低；有彩色中以黄为明度最高。三是彩度要素。彩度就是色彩的饱和程度，如大红的彩度高于粉红、深红与灰红。

（4）原色、间色、复色的区别

原色，也称第一次色，就是指红、黄、蓝三色。原色是各种不同颜色中基本的颜色。三原色的不同比例，可以调出许多其他颜色，而其他颜色不能调出原色。间色，也称第二次色，由三原色每二色相加而成，如红＋黄＝橙；黄＋蓝＝绿；蓝＋红＝紫。复色，又称第三次色，由每二个间色或一个原色加黑浊色混合而成，如橙＋绿＝黄灰色。

（5）色彩的感觉

色彩的感觉包括色的对比感、进退感、胀缩感、冷暖感、轻重感等。对比感，包括色相对比——红绿对比，红则更红，绿则更绿；明度对比——灰色在白底上显黑，在黑底上显白；彩度对比——灰色和红色并置，灰色看起来显绿。

进退感，色的前进与后退。同一种颜色，在黑白不同的底色上会出现完全相反的前进与后退的感觉。胀缩感，白色在黑底上有扩张感，而黑色在白底上有收缩感。冷暖感，黄、橙、红等具有暖感，蓝色系具有冷感。轻重感，淡色具有轻感，深色具有重感。

（6）色彩的注目性

从色彩倾向看，明色，彩度高，暖色系统的颜色，注目价值高，对读者视觉冲击效果明显。暗色，彩度低，冷色系统的颜色，注目价值较低，对读者的视觉冲击效果也弱。另外，注目价值大小取决于背景与图形颜色明度。

注目程度高的配色

顺序	1	2	3	4	5	6	7	8	9	10
底色图形色	黑黄	黄黑	黑白	紫黄	紫白	蓝白	绿白	白黑	黄绿	蓝黄

注目程度低的配色

顺序	1	2	3	4	5	6	7	8	9	10
底色图形色	黄白	白黄	红绿	绿红	红蓝	黑紫	紫黑	灰绿	红紫	黑蓝

7.图案配色注意点

一要注意同种色配合调和，类似色配合，比较调和，但易单调。

二要注意对比色配合，不同色相配合，容易有鲜明、强烈效果，但处理不当易杂乱、炫目。

三要注意掌握对比色并置减弱制激的方法。方法有改变一方的明度与彩度，改变双方的明度与彩度，改变双方的面积，加入共同彩色或互混，一方混入另一方的色，共同加灰，以黑、白、灰、金勾边等。

四要注意配色中有一个主色调。

五要注意黑板图案颜料特性，黑板的常用颜料是彩色粉笔和广告色。这两种颜料具有比较强的覆盖性。同样的颜料，画在纸上和画在黑板上，出现的效果是不一样的；有些颜料是不能在黑板上使用的。比如水彩画颜料，因为它的透明性，不适宜在黑板上使用。

六要注意白粉笔和白广告色在黑板色彩中的调色作用。要充分利用它们同黑板形成的高度对比作用，使黑板图案的色彩变得鲜明。

（三）图案制作技法

黑板报图案制作技法很多，表现力也极其丰富，像油画（包括水粉、水彩画）、中国画、版画这三大画种的效果，都能够用粉笔在黑板上充分表现出来，而且还能创造出黑板画图案特有的效果。军队基层最实用的、最简便易学的，又具一定表现力的主要是单线画法，色块平涂画法和喷刷、粉粘画法。

1. 单线画法

用线条将人物或景物的主要形象特征简练、概括地描绘出来，这种画法就是单线画法。其方法步骤很简单，具体如下：

（1）从形象的整体着眼，用细线轻轻画出大体轮廓。

（2）根据形体、结构、透视和色调，用具有轻重、虚实、粗细不同的线条，画出完整形象。或者先涂出一个色块，然后在色块上用墨线描画出完整形象。

单线画法线条流畅奔放，简便易行，适合表现节奏比例优美的动态和形体。如果再使用手指的拖抹等技法，可表现出如中国画一样的独特神韵和效果。

2. 色决平涂法

色块平涂法是用平涂的色块塑造形象的画法。其方法步骤是：

（1）用粉笔尖或炭精条按照形象的形体结构轻画出准确的轮廓线，并确定出大体色块位置。

（2）根据表现物象的色彩需要，平涂出各种块。涂色要准确，为了保持版面的整洁清晰，不宜多修改。另外，尽量避免反复加色，反复太多容易带下已画好的色块。

（3）按形体结构用笔蘸墨修整。

色块平涂法色彩丰富，对比鲜明，有如套色版画的艺术效果。而且技法简单，容易掌握，是最常用的黑板画画法。

3. 剪影画法

剪影画法是用彩色背景衬托出物体形象黑色剪影的一种画法。其方法步

骤是：

（1）准确画出人物或景物的外轮廓线。

（2）在轮廓线外用彩色粉笔涂出背景色块。

剪影画法简便易行，速度快，富有装饰性，虽表现力有一定局限，但有时却可实现特殊效果。

4.喷刷法

喷刷法是指用毛刷等工具将颜料喷刷到黑板上进行绘画着色的技法。喷制工具有彩色粉笔、板刷、牙刷、浆糊、调色碗、白卡纸、双面胶等。具体喷涂方法有：

（1）平喷法，类似绘画中的平涂。

（2）渐变法，由一种色彩渐变到另外一种或几种色彩。

（3）喷擦法：是在平喷的方法基础上，在需要的部位画上色彩粉笔，轻轻地擦出立体感。

5.粘绘法

粘绘法是利用胶水的粘性，将粉笔末粘附在黑板上，而获得植绒效果或浮雕一样立体感的黑板画技法。其方法步骤是：

（1）平置黑板，画出图形，在需粘绘处涂上透明胶水。

（2）趁胶水未干时，将粉笔末或染色木屑、纸屑均匀洒在需粘绘处。或者用粉笔在金属网上磨擦，直接将粉笔末洒在需粘绘处。

（3）将长短不同的粉笔头直接粘在板面需粘绘处，与喷刷相结合，可增强图形的立体感获得浮雕效果。根据设计需要，有时将花卉、树叶其他实物直接粘贴在板面上，则可"画龙点睛"，获得奇趣。

6.明暗法

这是借用水粉画或油画的技法来绘制黑板画的一种方法。其方法步骤是：

（1）轻轻勾画出被描绘物体的形体轮廓并确定出结构、块面和明暗交界线。

（2）根据明暗关系确定物体受光而产生的三大面（亮、灰、暗）。

（3）从明暗交界线开始，先向暗部再向明部逐步涂色，塑造出其形体结构和空间立体感。

（4）用炭笔或墨笔修整细部。粉笔作画可多利用手指揉出明暗过渡和层次变化，暗部宜薄，尽量利用黑板固有的黑色。

明暗画法色彩丰富，形象真实生动，但技法复杂，应具备较强造型能力。

第二节　黑板报的编辑工作

黑板报编辑工作包括组织稿件和板面设计两大部分。

一、组织稿件

（一）稿件的来源

如果没有稿件，办板报的愿望就会落空，所以要特别重视稿件来源问题。为了保证黑板报的稿源，可以采用以下两种办法：

一是设置投稿箱。在基层黑板报的旁边设置一个投稿用的稿件箱，这是面向全体基层官兵征稿的好形式。人们投稿的兴趣往往是难以捉摸的，什么人在什么时侯想给黑板报写稿是说不定的事。应该给基层官兵一个自由投稿的方式，不能一时收不到稿件就取消基层的投稿箱。只要长期坚持在固定时间打开投稿箱，只要把基层黑板报真正办出思想水平，投稿箱里是会有稿件来的。

二是特约组稿。当然，不能完全依靠小小的投稿箱，要把黑板报办成部队基层党支部的"机关报"，一定要发动搞思想工作的骨干一起来写稿。指导员应该主动向班长、党团小组长们组织稿件。这种特约稿件，往往有较强的针对性。采用这种办法征稿，容易收到质量较高的稿件。

（二）稿件的选择

对来稿进行选择是必要的。选择稿件可注意以下三点：

一是计划性。对于出什么内容的板报，事先应有计划，如宣传什么、从哪着手、怎样宣传，要同部队基层的中心工作联系起来，形成一个设想。选择稿件时，不能忘了原来的计划。

二是灵活性。如果事先计划的内容，来稿很少，或来稿质量较低，而事先未计划的内容，来稿较多，质量也很高，这就要有灵活性，果断地更换原先的计划，灵活处理来稿。

三是多样性。就是在有计划的前提下，注意选择不同形式、不同内容、不同风格、不同趣味的稿件，使黑板报能适应不同文化层次的官兵的不同爱好。

（三）稿件的修改

黑板报来稿不少是要经过修改后才能刊登的。修改黑板报稿件，可从以下几点着手：

一是突出主题。"文章不厌百回改"，一篇稿件，从各种角度都可以进行修改。黑板报稿件的修改，首先应从突出主题着手。对于同宣传主题无关或关系不大的内容，应该删除。黑板报稿件一般要求能开门见山。

二是标题要新。黑板报稿件还要注意运用新的标题。要提倡给稿件起好的标题。好的标题只要人们投上匆匆的一瞥，就会产生看稿件内容的欲望。

三是文章要短。黑板报稿件一般宜在 500 字左右。对于超过 500 字的来稿，一般都应删改。如果能改得更短些就更好。

二、板面设计

黑板报板面设计过程包括设计前的准备、版面的总体设计和版面的编排。

（一）设计前的准备

1.根据本期板报宣传的内容选择构思刊头，并考虑刊头画在版面中的位置和所占篇幅。

2. 了解各篇文章的内容，分出主次，然后根据文章的内容和篇幅，大致确定在版面中的位置和排列方式。

3. 确定大标题和各篇文章标题的排列和位置。

4. 构思、选择各篇文章的题头画、题花、尾花、边框、花边等。

5. 确定总体基调和各篇基调，例如严肃庄重还是热烈活泼，暖色调还是冷色调。

（二）版面的总体设计

设计出黑板报看起来很简单容易，一块黑板就几块内容，很快就可以完成。但在实际操作中，办好板报大有学问。因为出板报集写作、绘画书法、设计、色彩等学问、技能于一体，是多种学问、技巧的综合运用。因此，设计板报应有总体设计理念，要考虑黑板的整体构图布局，既要强调内容的思想性，又不能忽视形式的艺术性。因此，文章、标题、刊头画的编排，字体、图案、色彩的运用，都要成为相互有内在联系的一个有机整体。

1. 排列与视觉效果

黑板报上的文章排列，一般分为横排、竖排、横竖排结合三种形式。其视觉效果注意价值规律是：左上部最大，左半部大于右半部，上半部大于下半部，视平线大于上下两端。

另外，还要考虑到平衡关系导致的视觉效果与实际的差别。人的视觉中心不完全等于数学中心，视觉中心要比数学中心高，以 1 ：1.62 的比例区分上下部位的视觉分割线，称之为"黄金分割线"。黑板报排版、构图要求相对的对称、均衡，并非要按一个模式，即在具体形态上的单一对称平衡，要打破传统形式，关键在于做到保持人们感觉意识上的平衡。

2. 排版形式

板面应根据总体设计要求和版面的注意价值，报道中心文章的内容，恰到好处地编排，以达到整洁、条理、新颖、活泼、醒目、美观的视觉效果。常见的几种排版形式如下：

①辐射型；②连环型；③"M"或"W"型；④凹凸型；⑤菱型；⑥"+"或"X"型；⑦阶梯型；⑧"一"型；⑨"甘"或"井"型。

排版和构图的形式与意向，会引起读者的某种联想，并介入一种感情意识。横向平行的排版，构图给人以安闲、和平、宁静的感觉；斜线和曲线在版面上一般用于表现流动、奋力前进之类的运动感；锯齿状常常给人一种紧张和痛苦的感觉，以中心展开的齿状，明显地呈现了扩张和危险；正三角形具有锐利、坚硬、稳固、不能动摇之感；梯形给人坚实和持久感，似乎永远也不会倾覆和滚动；"v"型表示不安定性，是一种难以支撑的形状，也给人胜利勋章绞带的联想；菱形给人一种和谐、均衡的气氛，犹如笑口常开；方形是一种端正、庄重、坚强、质朴的形象，给人安定感；扇形带给人一种轻松凉爽、委婉的意味；半圆形通常与娴静、柔软相联系，使人有一种充实、丰满的感觉；椭圆形具有愉快、柔和、拓展的感觉。

（三）版面的编排

版面的编排要从主题和稿件的实际出发，按照编排的原则进行。具体工作包括报头设计、标题设计、行文编排、图画编排、题花尾花和花边编排。

1.编排原则

版面编排设计总的原则是"均衡稳定"。也就是版面上下左右各部分的视觉重量基本相等，既不能头重脚轻，也不能左右失衡。具体要求是：

（1）重点突出

所谓重点突出，就是要求将报头和选用的重点稿件编排在版面中显著、醒目的位置上，即版面的正中央、中上方、左上方和右上方这些视觉效果较好的位置。

（2）错落有致

主要指报头、标题以及装饰图案这些视觉分量最重、最吸引读者注意力的部分，应按照"均衡""对比""呼应"的形式原则，分别编排开，不能都挤在版面的某一块位置上，要做到错落有致，有疏有密，条理清晰，秩序井然，使版面均衡匀称，层次清楚，让读者赏心悦目。否则，就会出现头重脚轻、左右失衡等比例失调的现象。一般设计思路是：首先确定报头位置，然后再考虑重点稿件和标题位置。要特别注意报头周围不能再有标题或装饰图案，不能紧挨通知栏标题编排文章标题。

（3）穿插排列

主要是指稿件编排，除了要按照内容的主次划分位置，还应注意篇幅的长短穿插，文字排列的横竖结合，文章体裁的诗文搭配编排等。

（4）留有空隙

报头、标题、稿件及装饰图案等版面中的各个部分之间，各部分与板报边沿之间都应留有一定空隙。所留空隙要适度，一般规律是顶距大于底距，底距大于侧距，侧距大于篇距，篇距大于行距，行距大于字距。

（5）书写齐整

黑板报出版之前，必须将版面擦洗洁净。抄写稿件内容和书写标题的字迹要端庄醒目、清晰工整，既可方便阅读，又能烘托主题，增强宣传教育效果。

为了方便阅读，字迹应该规范清晰，所以要选择楷书、行楷、隶书、仿宋或魏碑等结构规范、严谨可方便、快捷阅读的字体，而不应选择草书、篆书等不易辨认的字体。另外，一般情况下一篇稿件最好只用一种字体，切忌几种字体混用，而且字的大小要一致，笔画的粗细浓淡要一致，做到横看成行，竖看齐直。

标题在版面设计中起着点明主题、说明内容、烘托气氛的作用，也就是说标题本身常常带有思想性和情感因素，因此要注意书写标题使用的字体，因为不同的字体给人的视觉心理感受和由此引发的情绪也不相同。比如：黑体字——庄严肃穆，魏碑字——粗犷苍劲，行书——潇洒活泼，隶书——典雅端庄。所以，应该根据主题和稿件内容来选择书写标题的字体，而且字形、颜色也要符合主题需要。

（6）色彩明快

板报的版面色彩应读遵循"整体和谐统一，局部对比变化"的原则，具

体要求是鲜丽明快，服务主题。

第一，抄写稿件内容，应选用白、黄等浅色粉笔。原因主要有：一，白、黄浅色与黑板的黑底色形成强烈对比，能使白色更白、黑色更黑、字迹清晰、版面明快，可以排除报头、标题及装饰图案等的干扰，吸引读者阅读稿件。二，稿件占位面积大，使用大块的白、黄单纯色，可与其他色彩产生对比，以增强报头、标题和装饰图案色彩的美感。三，便于版面整体色调的统一。所以抄写稿件内容最好是使用黄或白中的一种颜色，切忌混用杂色。否则，不仅使读者产生眼花缭乱的视觉感受，而且也破坏了版面整体色调的和谐统一。

第二，报头、标题一般采用暖色（特殊需要除外），即多用红、黄、橙等色，以蓝、绿、灰色作点缀；而题花、尾花灯装饰图案则用冷色，即多用蓝、绿、紫、灰等色，以黄为点缀。这样既可产生色性上的冷暖对比，又可在与单纯的黑板的黑底色、稿件内容的白色形成的强烈对比中达到自身的统一与和谐，使报头、标题及装饰图案的色彩既有对比又有统一，丰富而不杂乱。

第三，图文并茂，以文为主。插图宜精，而不宜多，使其色彩在与整体和谐的基础上，成为闪光的亮点。

（7）版式新颖

所谓版式是指报头、标题、稿件等各部分在版面编排中，因内部的间隔和外部轮廓而形成的各种形式。比如正三角形、倒三角形、方形、圆形、梯形、扇形等几何图形，以及平行、倾斜、弯曲等运动趋势。不同的版式，其艺术效果不同，给读者的视觉心理感受也不相同。所以，应根据板报的主题思想来确定版式，同时版式还要经常变换，避免死板、单一。成功的版式设计，要始终给读者一种新颖生动、多彩多姿的审美感受。

2.设计报头

报头，一报之"头"，可以说，黑板报作为一种"报纸"，就像书籍的封面一样，首先映入读者眼帘的，吸引读者的就是报头。在黑板整个版面中，报头占据着注意价值较高的部位，并占相当大的版面比例。而且报头以图为主，用彩色粉笔或其他颜料配制而成，最为醒目，因此报头的设计与制作相当重要。

（1）报头与主题

报头既然是一报之"头"，自然应该用图画形象地反映黑板报的主题思想，使人一望便知这期黑板报的主要内容大致是什么。同时，报头设计也应与本单位、本部门工作性质特点相联系。总之，报头一要为黑板报内容服务，烘托中心、突出主题、增强宣传效果。二要结合本单位性质，使之具有自己的特色。一般情况下，报头应根据每期的内容进行更换，内容更换频率高的也可以几期一换。

（2）报头设计要点

报头设计应主要从以下几个部分着手：主题画，如人物、建筑物、兵器、动物、植物等；报头字，如"军营天地""兵器博览"等；几何图形或花边，可用单线条或色块构成；报头的外形和基本色调、花边，对报头起装饰美化作用。

报头除由上述几个部分组成，还应配写报关名称、刊出期数、出版日期等有关字样，以及报头图案，让读者对眼前的黑板报的出版情况有个大体了解。

黑板报报头的名称是可以变化的。可以用本体命名法，就叫"黑板报"；也可用形容法命名，如"小草之歌""钢铁长城"等；可以用文章性质命名，如"军训快报""学政治"等等；也可以用节日命名,如"欢庆八一""国庆专刊"等等。

黑板报的刊出期数表示黑板报工作的连续性，标明在报头上是必要的。具体的期数可以从新的板报委员上任开始计算，也可以从某一个日子开始计算。

出版日期表示了黑板报的时效性。没有出版日期的黑板报是会失去一部分注重时效的读者的。

报头的图案可以采用各种各样的形状，如多方形、扁方形、长方形、二菱形、椭圆形、半圆形等等。报头的图案要同主题有一定的联系，可以自己创作，也可以参照有关资料进行改编，或照搬资料上的画面。

报头上的文字字体应该丰富多彩，一般都用美术字。

报头的色彩选择很重要，报头的色调代表了整个这一期黑板报的色调。比

如，这一期是节日专刊，要渲染喜庆气氛，一般要把报头处理成暖色调。有时是比较严肃的内容，则色彩的气氛不能太花哨。一期板报总的色彩气氛要和谐统一。当然，和谐不等于单调，统一也不是单一。

素材要根据主题来选择，可从生活中积累起来的速写、画册、照片、剪报中取材，再加以创新、简化、概括、夸张，并结合一定的几何图形来进行报头设计和制作。

（3）报头在版面中的位置

报头位置一般安排在黑板报版面的中间部位、中上部位、左上角、右上角，当然也有另辟蹊径地安排在中下部位、左下角、右下角的，这能使版面独具一格、别有韵味，但要注意的是，报头位置最好期期有变，由报头位置的"动感"，产生一种新鲜感，避免千篇一律的"老面孔"。

3.标题设计

标题即题目，一块板报通常既有大标题也有小标题，标题要做到言简意赅、醒目耀眼、意义深刻。

（1）标题位置

根据标题位置同稿件文字位置的关系，可以分为以下几个类别：

一是横标题。横标题可以分成上横标题、中横标题、下横标题三种。上横标题包括盖文横题、左串文横题、右串文横题、上中心横题四种。中横标题包括包心横题、左半包心横题、右半包心横题三种。下横标题包括文下横题、文左下横题、文右下横题三种。

二是竖标题。竖标题可以分成左竖标题、中竖标题、右竖标题三种。左竖标题包括通栏左竖题、左串文竖题、左半包心竖题三种。中竖标题包括包心竖题、上中心竖题、下中心竖题三种。右竖标题包括通栏右竖题、右串文竖题、右半包心竖题三种。

（2）标题的字体选择

标题具有强烈的思想性和感情色彩，选择什么样的字体十分重要，选择得好可以增加标题的魅力。否则，将造成相反的效果。标题的字体通常分两大类，一类为书法体，一类为美术字。常用的字体有：篆书，工整秀丽、优美流畅、安逸古朴；隶书，温和丰韵、委婉和润、轻盈朴实；魏书，筋骨浑厚、苍劲利索、粗犷有力；黑体，严肃庄重；黑宋体，严谨厚实；仿宋体，清瘦秀丽；宋体，稳重大方；综艺体，朴素大方；琥珀体，活泼自然。

（3）标题在版面中的排列、比例

标题起到提纲挈领、引导读者阅读的作用，一般放在较重要的位置。而且标题有长有短，有时还有副标题。根据美化的需要，经常要运用两行或多行行文排标题，格式变化也是很多的。

一是横题排列。横题排列可以分为双行对联式排列、上短下长对称式排列、前后错位排列、上长下短对称式排列等。

二是竖题排列。竖题排列的左竖标题、中竖标题都是从上到下、从左到右排列的，这同一般书法的竖写习惯不同。在书法中，竖写的字是从右到左阅读的。右竖标题的排列是从右到左排列。这些排列的方法同大多数人的阅读习惯一致。

标题虽然重要，但不能占据太多篇幅，否则会显得头重脚轻，应注意比例适当。

（4）标题美化

标题美化就是在编排时要考虑怎样书写标题。标题的书写，一是字体要有变化；二是字的大小要有变化；三是颜色和字的底色要有变化，要在为主题服务的基础上力求美观、和谐、丰富。

4.行文编排

稿件的行文也要进行编排。行文的编排，一是要考虑便于阅读，二是要考虑整个版面的美观。行文编排的形式有：

（1）单栏行文

比较短的稿件，可以采用单栏行文。

（2）多栏行文

比较长的稿件应采用两栏或两栏以上的行文，这样可以减少每一栏的字

数。栏与栏之间要空出一个字左右的距离。

（3）形状变化

行文的形状，是指一篇稿件在整个板面上所占面积的边线构成的形状。常见的形状有：四边形，四边形的排版具有严肃大方的感觉；多边形，多边形的排版具有活泼、流动、长稿件变短的感觉。

黑板报文稿抄写的字体选择与标题的字体选择有根本区别，标题字体的选择力求符合标题表达的内容、思想、情感，尽可能与字体具有的个性协调一致，而黑板报文稿的字体选择目的却在于使整个版面整洁便于阅读。所以一般选用仿宋、隶书、魏体、楷书、行楷等字体。

黑板报文字抄写是一个重要环节，抄写时不仅要注意字据、行距的一般要求，而且要考虑黑板报的整体艺术效果。从整个版面看，框距大于篇距，篇距大于行距，行距大于字距；从整个板报篇看，侧距大于行距。

上述各项具体比例多少，可参照报刊、书籍的排列比例，但无论多少，整版文字抄写格式和比例必须一致。

黑板报文字抄写一般要遵循以下要领：力求字体一样、大小一样、粗细一样、浓淡一样、字迹端正、字形规范；抄写尽可能左右平行、上下对齐、顶距大于侧距、侧距大于行距、行距大于字距、横写左起、竖写右起、两端齐平、用色一致、标点留空。

5.图画编排

为了使黑板报的版面显得更加生动活泼，除了报头，还可以适当地加一些图画。图画的画面要匹配稿件的内容。图画的类别可以分为插图、题图、专栏图三类。

（1）插图

插图是用来补充或说明稿件内容的，一般位置在稿件中间，画面大小一般不能超过稿件的文字篇幅。

（2）题图

题图是用来突出标题内容的。散期黑板报，只有少量需要特别突出的稿件才用题图。画题图时，要把标题的书写一同考虑。

（3）专栏图

专栏图一般用于篇幅较大的一期黑板报中。一期黑板报由多块黑板组成，某几块黑板是同一个专题，就需要有专栏图。专栏图的篇幅一般不超过报头。专栏图有专栏名称等文字说明，画面内容要同专栏名称相符合。

图画编排的方式很多，若只有单幅图，可采用图画位置的变化和图画形状的变化来进行编排；若有多幅图画，可采用主次、均称、纵横、方圆、对角、叠交、几何图形、套题、遮贴、连幅、套幅、破幅、综合等多种排列法。

6.题花、尾饰和花边编排

一期黑板报最后的编排加工是题花、尾饰、花边。如果从总体的效果出发，发现还有某些空缺，需要进行局部的加工，则可以用题头、尾饰、花边来做最后的点缀。题头、尾饰、花边的绘制，颜色、图案、大小等都要斟酌妥当，要起画龙点睛的作用。

（1）题花

题花是与稿件标题结合在一起的装饰画。它的作用是衬托标题，形象地说明稿件内容，同时也起着美化版面的作用。画题花，首要的是切合题意，通过题花使稿件的主题思想更加突出。另外，题花是围绕标题而存在的，是为了烘托、装饰标题而设计的，可以说，没有标题就谈不上题花。标题与题花二者是主次关系，标题为主，题花为辅。设计时，应注意标题占位大而且突出，而题花围绕标题勾画和点缀，如众星捧月一般。较常用的布局是标题字叠盖住题花的一部分，字在前，画在后，标题字色彩也应比题花色彩更醒目。

（2）尾饰

尾饰是画在稿件结尾处的装饰画。尾饰可以点缀美化版面，但它最主要的作用是填补稿件结尾处的空白和均衡版面。尾饰画得越简洁，越精致越小巧越好，它主要是依靠简洁的造型、细致的刻画、巧妙的构思而取胜。

（3）花边

花边是二方连续图案，就是将一个单位纹样，有规则地左右或上下反复地

连续起来组织而成的带状花纹图案。花边设计主要有：垂直式、倾斜式、水平式、波状式和散点式五种形式。在黑板报中，花边的作用主要是分隔版面上各篇稿件和突出重点稿件，使各篇稿件不会相互混杂、相互干扰，还可使版面层次清楚、条理分明、方便阅读。但是花边设计不宜太"花"、过于复杂，否则会适得其反，使读者眼花缭乱，影响宣传教育效果。所以，有些版面特别是黑板报版面中的花边，应干脆使用简洁单纯的点线、双线、曲线等线条来表现，有时甚至采用无线分割的形式，也就是稿件的篇与篇之间留出整齐清晰的距离，或者利用标题和尾花分割版面，都能获得较好的效果。

为了在版面安排上少走弯路，可以把版面总体设计先在纸上画小样，等小样比较满意了，再进行正式的制作。总之，版面设计应遵循以下要领：设计新颖，比例恰当；主题鲜明，重点突出；错落变化，轻重均衡；疏密有致，松紧适当；报头鲜艳，标题醒目；文章短小，图文并茂；大字彩色，字体多样；小字白色，字体统一；抄写整齐，条理清晰。

第三节　黑板报评比竞赛活动的组织方法

组织黑板报评比竞赛，是促进基层部队黑板报活动深入开展，提高黑板报质量和水平的有效措施，同时，对于活跃部队文化生活，促进部队宣传教育也起着重要作用。

一、根据需要，适时组织

板报评比是几个单位同时进行的一项宣传竞赛，要统筹安排、周密组织、适时进行，使评比竞赛成为广泛的群众性活动，起到组织群众、宣传群众、教育群众、调动群众积极性的作用。一般可结合节日文化活动或汇演调演、军民联欢活动、重要会议等前后进行。

二、选准主题、明确目的

组织板报评比竞赛要以当前的形势和本部队、本单位工作重点为依据，围绕中心任务来进行。如重要会议的学习和宣传、开展重大活动的宣传鼓动、对重大节日的纪念等。组织者对选定的竞赛主题所要达到的效果，要心中有数，在明确目标的基础上，确定出评比的内容、方法、步骤，然后组织实施。

三、布置任务、催办落实

组织者要召集参赛单位有关人员进行具体布置：一是宣布竞赛主题；二是讲清评比方法和奖励方法；三是明确时间限定；四是提出具体要求。使参赛单位对整个评比竞赛过程及标准，做到情况明、要求清、决心大，才能按要求有步骤地去完成板报竞赛，做到局部与整体的统一。

四、组织评比

奖励优胜评比的形式要根据具体情况而定。首先要组织评委（或小组），可由有关领导与聘请来的专业人员组成，也可由参赛各单位派有关代表参加。还可以由领导、专业人员、代表三结合组成。其次是选定适当的评比方法，可以由评委现场评出等级，或由各评委评出一、二、三等奖投票统计；也可以分类打分（附表7-6-13）统计总分，评出全面优秀奖或单项奖。

五、总结讲评、组织观摩板

黑板报评比不是目的，只是提高板报质量的一种手段，因此，评比结束之际，要对板报的质量做一个总结讲评并组织观摩，以便让同志们明白什么样的板报质量好，哪些板报办得较成功，哪些稿件内容和艺术形式能较好地反映主题，而那些不成功的板报问题出在何处，以后应当如何克服这些问题等等。这样才能互相学习、取长补短，将板报竞赛变成一个生动活泼的课堂。

附表：7-6-13

优胜评比评分表

	机务 一中队	机务 二中队	场务连	修理厂	警勤连	汽车队
报头 15 分						
文章内容 20 分						
标题、版式 15 分						
抄写质量 15 分						
整体版面效果 15 分						
图案制作 20 分						
总计 100 分						

评委＿＿＿＿＿＿＿